77個有趣的體驗式生活遊戲
培養孩子的感官╳協調╳

圖解 **在家的蒙特梭利**

The Montessori Book of Words and Numbers

資深蒙特梭利教師訓練師
馬雅・皮塔明克（Maja Pitamic）◎著

賴姵瑜 ◎譯

玩出
自信小孩

新手父母

目錄

Part 1 發展感官遊戲

促進協調性遊戲

目錄

Part 3 培養生活技能遊戲

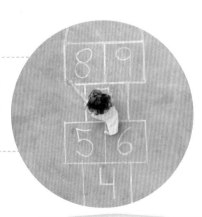

關於蒙特梭利

　　瑪麗亞・蒙特梭利（Maria Montessori）在 1870 年出生於羅馬，後來成為羅馬大學首位女性醫學士。1907 年，蒙特梭利開設第一間兒童之家（Casa dei Bambini），該校專收貧民區的兒童。她在此開發出當今舉世聞名的教學法。蒙特梭利最具革命性的信念，可能是對於孩子學習環境的重視。她認為，孩子們要能自信地成長茁壯，需要在一個以兒童為中心的環境中作業。今日，不僅蒙特梭利學校，所有學校都認同環境在兒童發展中所起的作用。

　　蒙特梭利總是表示，她並未設計出教學法，她的想法純粹出自對於孩子們的貼近觀察。蒙特梭利原則根據的是孩子的需求，包括獨立自主的需求、找到學習樂趣的需求、享受秩序的需求、受到尊重與獲得聆聽的需求，以及發現事實與虛構的需求。如今，這些需求依然符合時宜，與 1909 年首度被觀察到的時候一樣，未有改變。

如何使用本書

本書以透過經驗學習的關鍵蒙特梭利原則為基礎，但請放心，你無須在自家中打造蒙特梭利教室。書中的活動只需要少許準備，使用現成材料即可。你可能會擔心自己沒有專業的教學知識；請別擔心！

下頁列出的要點，將引導你如何逐步向孩子示範活動。

教孩子如何操作剪刀的注意事項

孩子在學剪的動作之前，必須先學習如何安全地操作剪刀。請教導孩子提拿剪刀時，手握閉合刀刃處，向孩子展示如何遞剪刀，把手應朝向接收剪刀的人。

- 書中為免重複，活動說明裡交替使用「她」和「他」。所有活動皆男女孩適用。
- 請檢查環境，確保你與孩子能夠安全舒適地進行活動。
- 確保孩子能夠清楚看見活動。讓孩子坐在你的左側（如果孩子是左撇子，讓她坐在你的右側）。
- 作業時盡量使用右手（或左手，如果孩子是左撇子的話），保持一致性。

許多活動安排在托盤上進行，界定孩子的作業空間。請選擇使用無圖案的托盤，避免分心。

請事先準備活動。向孩子建議活動時，卻發現手頭沒有材料，那是沒有意義的。

示範活動時，請按部就班、有條有理。井然有序地擺置教材，這樣可以逐漸培養孩子的秩序感。

讓孩子負責將教材遞送到作業空間，然後在活動完成後歸還教材。這樣會產生「作業循環」，鼓勵孩子專注在教案上。

腦中清楚明白活動目的，因此，永遠要先做預習。

別打擾孩子作業，請學著退居後方觀察。

試著別有否定態度。如果孩子無法正確進行活動，請暗記心裡，後續階段再重新介紹即可。

如果孩子全神貫注進行活動，還想再做一次，請讓孩子隨意願無限次數重做。孩子會在重複的過程中學習。

空間允許的話，請為孩子打造一個作業區。活動結束後，將活動留放在安全區域，以便孩子得以隨其意願返回。

如果孩子不當使用任何活動教材，必須立即移除活動。藉由此舉，她會明白自己的行為是不可接受的。該活動可以日後再重新介紹。

請謹記，無論何時，你都是模範，孩子會以你的行為作榜樣。

常見疑問

孩子多大才向她示範活動？

我刻意未設定年齡，就是怕屆齡孩童不想做特定活動，可能引起父母的恐慌。每個孩子是優缺點各不相同的個體，很少有孩子在任何學習領域都充滿自信。原則上，蒙特梭利幼兒園通常會先向孩子們介紹第 1、2 章的活動，這些活動可為其他活動奠下良好基礎。

針對 4 至 5 歲的孩童，建議從各章選取活動來作介紹。例外的情形是，如果孩子對某一主題特別有興趣，比如數學，這樣的話，你可以示範較多的算術活動。

活動要按照排序進行嗎？

請盡量按照各章內的排序，自然而然循序漸進。運用上有些彈性，因此，你可以嘗試一項活動，必要時在後續階段再返回進行。如果孩子對於某項技能已有信心，可以向他介紹後面的活動。不過，複習知識並無妨，而且這樣可以增進孩子的自信。

如果活動有等級，孩子何時可以進入活動的下一等級？

在「活動延伸」方塊中，你會找到由簡至難循序漸進的活動。一旦孩子熟練活動，有自信獨立作業，就可以向她示範活動的下一等級。

如果孩子對活動感到困惑，該怎麼辦？

如果孩子表現出對活動感到困惑，最可能的情形是她還沒有準備好。同時請細想是否你自己的示範夠慢、夠清楚，是否你充分了解活動的目的。

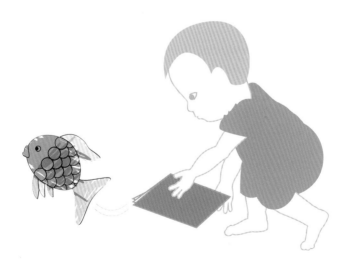

常見疑問

何時是一天中示範活動的最佳時刻？

　　孩童與大人一樣，在一天中某些時段的吸收力尤佳。大多數的孩子在早晨最易吸收，因此，要求高的活動宜在此時進行。其他活動可以隨時進行，但建議避免在下午後段進行。

如果孩子看起來對活動沒有反應，該怎麼辦？

　　如果孩子看起來對活動沒有興趣，請別擔心或對孩子生氣。只要先把活動放在一旁，自行審視一遍示範要點。反問自己，示範活動的方式是否吸引人？時間上是否合宜？自己是否了解活動目的，且孩子是否明白活動的要求？想想看孩子是否準備好進行該活動。

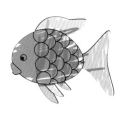

如何使用學習單？

　　使用書末的學習單時，請放大至 A3 全頁尺寸，再複印 A3 紙上。這樣做，孩子使用學習單時會有充裕空間，且可多次重複使用。

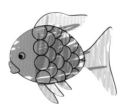

Part
1

發展感官
遊戲

　　幼兒擁有特別敏銳的感官，用以充分擴展他們
對於世界的認識。本章中的所有活動不僅有助於
刺激和發展五感，同時也會介紹新概念與詞彙。

　　我們大人傾向於使用視覺與聽覺為主。向孩
子示範活動時，請嘗試像他們一樣運用所有的感
官。如此一來，你會開始領會這些活動輔助孩子
發展的價值。

觸感走步

　　每個人都喜歡赤腳走在草地上的感覺，對於擁有敏銳觸覺的幼兒來說，樂趣更是加倍。本活動將為孩子佈置一條運用多種不同材質的觸感步道，讓她探索和發展觸覺，且有益平衡技巧的發展。

所需物品

· 寬敞的室內或戶外空間

· 墊子 4 個，尺寸不拘（盡可能選用不同織質的墊子）

· 地毯樣品（取自鄰近地毯店家）

· 小地毯

· 門墊（請確認非粗糙質地）

· 大張泡泡紙

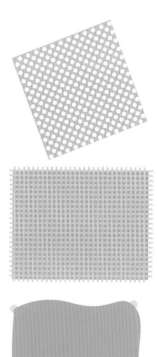

活動

1. 用所選物品鋪出一條直路，每項物品應採不同材質。
2. 向孩子示範希望她怎麼走這條路，伸出手臂輔助孩子平衡。
3. 讓孩子走走看。
4. 一開始，她會需要扶持，所以請握住她的雙手。等她對活動較有信心時，讓她自己試走幾步，但請陪伴身旁，以備需要時再出手扶穩。
5. 走在墊子上是最困難的部分，所以需要伸手扶穩孩子。

讓孩子隨意願無限次數重走步道。

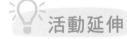 活動延伸

📍 孩子走這條路熟練之後，可以變更地面物的順序，引入一些新項目。

📍 從直路進階到波浪形路徑。

Part 1
發展感官遊戲

Part 2
促進協調性遊戲

Part 3
培養生活技能遊戲

2 分類活動

幼兒喜歡研究一大堆東西，然後分門別類。這滿足了他們對於秩序的熱愛，提供他們有關周圍世界的大量資訊。

所需物品

· 大顆鈕扣，4 至 6 款不同樣式
（鈕扣要夠大，避免誤吞）

· 裝盛每款鈕扣的小罐子，足量

> 請記住，鈕扣可能造成窒息危險，所以盡可能選用大顆鈕扣，而且活動期間在旁監督。

活動

1. 把集合所有鈕扣的罐子放在中央。
2. 其他罐子全部繞著放，擺成一圈。
3. 詢問孩子是否認為所有鈕扣的顏色和形狀都一樣。
4. 告訴孩子，將請他把鈕扣分類，放入個別的罐子。
5. 首先，把每款鈕扣各放一個到罐子裡，清楚呈現哪款鈕扣要放哪裡。
6. 請孩子把鈕扣分類，放入正確的罐子裡。
7. 所有鈕扣分類完畢之後，他可能會想重做活動。

活動延伸

 不只鈕扣，許多其他物品也適用於分類活動，如小片織布、玩具車和玩具動物。

 **分辨聲音**

　　這個活動向孩子展示，物品受敲擊時會發出聲音，然後請孩子仔細注意聲音的特色，是「大聲」還是「輕聲」。

　　等她熟練這項技能，可再嘗試將聲音分級，從最大聲到最輕聲，提升孩子的聆聽技能。如同本章所有活動，概念的理解會帶動描述概念的語言能力。

所需物品

- 發出大聲或輕聲的物品 4 至 6 個，比如，可互相敲擊的 2 個平底鍋蓋或可手搖的咖啡罐
- 搬物品的大托盤

安全提醒： 本活動後，與孩子討論貼近耳朵弄出巨大聲響的危險，以及這會如何損害聽力。

活動

1. 請孩子坐在可以看得清楚的地方，將托盤放在你的前方。
2. 告訴孩子：「我們要仔細聆聽這些物品弄出的聲音，描述它是大聲或輕聲。」
3. 選一個你知道會發出大聲的物品。弄出聲音，然後說單詞「大聲」，再把物品放在左側。取一個發出輕聲的物品，重複動作，再把物品放在右側。
4. 將物品遞給孩子，邀請她把剩下的聲音分成輕聲和大聲。

4 猜聲音遊戲

　　試試看這項實驗：停下來數一數你在一天之內聽見多少不同的聲音。我想，你將對總數感到非常驚訝。平時，這些聲音多被抹消，因為你的大腦已經認識且能區辨。但是，對於孩子來說，這些聲音大多未知而有待識別。

　　這個趣味遊戲，將協助孩子建立不同聲音的認識，後續活動會鼓勵他們識別這些聲音，提升聽覺能力。

所需物品

- 大托盤
- 大小足以覆蓋托盤的布
- 選用會發出有趣聲音的物品
  （不含樂器，因為樂器會分散
  遊戲注意力）

活動延伸

當孩子越來越有自信，再另外增添物品，最多 6 個，並且開始引入聲音陌生的新物品。

孩子長大，更熟悉物品與名稱時，請孩子嘗試猜猜看是什麼物品發出聲響。

活動

1. 請孩子坐在你的左側，托盤放在你的前方，物品放在托盤上。

2. 告訴孩子：「我們要玩猜聲音。」指著托盤上的物品，一一大聲唸出名稱。

3. 用布覆蓋托盤。在布的下方選一物品，如 2 支湯匙。互相敲擊，同時請孩子聆聽聲音。

4. 把布取下，大聲說出是什麼物品，然後拾起給孩子看。

5. 邀請孩子弄出相同的聲音，這樣他就能夠清楚明白什麼物品發出什麼聲音。重複玩托盤上的所有物品。

提醒孩子靠近耳朵弄出巨大聲響會損害聽力。如果孩子進行活動有困難，請檢查他的聽力。

5 聲音比一比

　　孩子已經學會如何比較不同音量，以及從最大聲到最輕聲如何分級。這時候，孩子需要學習配對聲音，進一步提升聆聽技能。這聽起來可能很簡單，但需要仔細聆聽與專注。無視覺輔助之下，孩子必須完全依賴聲音的記憶，直到她聽見下一個。

所需物品

- 圓柱形不透明蓋的小罐子 6 個
- 各式各樣的乾扁豆、豆子、豌豆和米
- 容器或籃子 2 個

2 個有蓋罐子裝扁豆裝至半滿。另外 2 種乾燥食物也重複相同做法。每一組倆倆分開，3 個放在一個容器或籃子裡，另外 3 個放在另一容器。

活動延伸

增加罐子數量，最多讓孩子配對至 6 組聲音。罐子裡也可以裝入糖、咖啡或早餐麥片，產生新的聲音。

Part
1
發展感官遊戲

Part
2
促進協調性遊戲

Part
3
培養生活技能遊戲

活動

1. 請孩子拿一個容器或籃子到桌上，你拿另外一個。
2. 邀請孩子坐在你的左側。容器往桌子後方放，一個放在你的左邊，另一個放在右邊。從容器取出罐子，將罐子放在你的前方。
3. 對孩子說：「現在要來配對不同的聲音。」用右手拾起左邊一個罐子，搖晃罐子聽聲音。
4. 用右手拾起右邊一個罐子，搖晃罐子聽聲音。
5. 重回第一個罐子，檢查聲音是否相符。繼續測試右邊的罐子，直到找到相符的聲音。找到時，罐子成組放在你的前方，從左開始擺放。繼續進行，直到所有罐子都配成對。
6. 邀請孩子配對聲音。擺好罐子，準備讓孩子嘗試這項活動。然後，你可以打開罐子，檢查配對是否正確。

識別味道

孩子會在這項活動中發現，每種食物都有屬於自己的味道，且最主要為甜味、酸味或鹹味。他會把食物分成 3 類，為了讓孩子只專注於味覺，活動是蒙眼進行。你可能認為孩子會不願意蒙眼嚐食物，但我發現只要孩子看見大人這樣做，就會放心跟著做。

所需物品

· 食物 3 種，甜味、酸味或鹹味各一，如蘋果片、檸檬片和鹽味洋芋片

· 小碟子 3 個

· 紙巾

· 托盤

· 眼罩

食物切片或作成一口大小。每種食物放在一個碟子上，然後擺上托盤。紙巾並排放在托盤上。

 活動延伸

變更一些食物，把嚐味道的食物數量從 3 種增加至 5 種或 8 種。

Part
1
發展感官遊戲

Part
2
促進協調性遊戲

Part
3
培養生活技能遊戲

活動

1. 請孩子坐在可以看得清楚的地方,把托盤放在你的前方,紙巾放在近處。這個活動的作業區在托盤上。

2. 告訴孩子:「我要嚐嚐食物的味道,看是鹹的、酸的還是甜的。不過,我只想用舌頭嚐味道,而不是用眼睛看。」

3. 戴上眼罩。選取一種食物;如果嚐起來是鹹味,把它放在托盤左邊的紙巾上。酸味的食物放在中間,甜味的食物放在右邊。品嚐每一種食物時,請說:「這嚐起來鹹鹹的(或酸酸的、或甜甜的)。」繼續進行,直到所有食物都嚐過。

4. 取下眼罩,邀請孩子進行食物分類。如果有一些他不熟悉或不願意嘗試的食物,建議他舔舔食物或小小口咬一下嚐嚐看。如果他很愛,讓他吃掉食物,然後請他另外再拿一塊放在紙巾上。

 **蔬菜水果猜一猜**

本活動的設計旨在藉由探索不同蔬菜水果的形狀與質地，協助孩子培養觸覺，同時擴展其蔬果知識。

所需物品

· 水果或蔬菜 3 種，大小、形狀和質地各不相同；比如，蘋果 1 顆、香蕉 1 根、馬鈴薯 1 顆

· 眼罩

如果孩子識別蔬果有困難，請大聲唸出名稱。這樣應該會有幫助，但在插手介入之前，請給她充裕時間。請記住，這是一項感官活動，所以別使用太多言語，避免孩子負荷過重。

活動

1. 向孩子說明你現在要玩猜蔬菜水果的遊戲。
2. 請她幫忙把蔬菜水果搬到活動區。活動區可以是地板或矮桌。
3. 把蔬菜水果和眼罩放在活動區中央。
4. 向孩子說一遍所使用蔬果的名稱。
5. 示範如何戴上眼罩。
6. 伸手選一個蔬果。花時間去感受它，同時解釋它的形狀、大小和質地。
7. 猜測蔬果名稱且大聲說出。
8. 取下眼罩，遞給孩子嘗試。有些孩子可能覺得眼罩不舒服，在這種情況下，只要請她閉上眼睛或用手摀住眼睛。

食物猜一猜

食物是每一個孩子生活的重要組成，隨著孩子的成長，發展他們對於食物的正面態度是很重要的。

本活動邀請孩子只憑味覺來探索與測試他對食物的了解。一旦他熟練遊戲，這也會是向他介紹新食物的好機會；他看你嘗試新食物，將有助於鼓勵他也試試看。

所需物品

· 風味獨特的食物 6 種

· 小盤子或容器 6 個

· 眼罩

· 托盤

活動

1. 把每一種食物放在個別盤子或容器上，排成一排，與眼罩一起放在托盤上。把托盤放在桌上。
2. 邀請孩子坐在身旁，向他說：「我們來玩猜食物吧！」
2. 首先，請他品嚐每一種食物，一一說出食物的名稱。
4. 戴上眼罩示範，取一種食物，然後說出名稱，例如：「我認為這是烤豆。」
5. 摘下眼罩，邀請孩子試試看。
6. 請他戴上眼罩，引導他的手伸向其中一個盤子。讓他嚐嚐食物，如果猜對了，就把盤子移到右邊。猜錯的食物，把盤子放在左邊，稍後再試。

9 對比氣味

孩子們總愛評論他們對周圍氣味的看法，所以孩子也會很喜歡這個活動。孩子必須將各式各樣的氣味分成好聞和難聞的氣味，讓孩子能有機會增進描述不同氣味的詞彙。

雖然你希望孩子探索周圍的氣味，但提醒她某些物質會散發有害氣體。有毒的家庭產品不得用於本方案，且應隨時安全鎖藏收好。

所需物品

· 氣味對比強烈的物品 6 種，如香水、鬍後水、芳療精油、鮮花、柑橘類水果、咖啡和醋（勿使用家庭清潔產品，吸入可能造成傷害）

· 小容器 6 個，如有蓋罐子

· 棉墊或棉球

· 托盤

活動延伸

◉ 將氣味的數量從 6 種增加至 8 種。

◉ 玩配對氣味遊戲，使用 2 套容器，每個容器裝盛配成對的氣味組，放在托盤的兩端，向孩子展示如何尋找成對的氣味。

Part
1
發展感官遊戲

Part
2
促進協調性遊戲

Part
3
培養生活技能遊戲

活動

1. 每個棉墊或棉球浸入不同的氣味。若是使用柑橘類水果，請擠出一些果汁。這樣做的原因在於將氣味與食物隔離。把棉墊／球一一放入個別容器，蓋上蓋子，或用保鮮膜或鋁箔紙覆蓋。

2. 容器放置約 5 分鐘，讓氣味滲入棉墊／球。

3. 選一個氣味好聞的罐子，放在托盤的右前角落，然後選一個氣味難聞的罐子，放在左前角落。剩下的罐子放在托盤後方。

4. 請孩子坐在可以看得清楚的地方，把托盤放在你的正前方。告訴孩子你要把氣味分為好聞的氣味和難聞的氣味。

5. 拿起右手邊氣味好聞的罐子，打開聞一聞，然後說：「這氣味很好聞。」然後把它放在桌子右側。向孩子展示你會在決定是哪種氣味之前，先用點時間聞一聞。

6. 氣味難聞的罐子也重複相同做法，然後說：「我不喜歡那氣味，好難聞。」再把罐子放在桌子左側。

7. 邀請孩子完成氣味分類，完成時將難聞的氣味放在左邊，好聞的氣味放在右邊。

8. 以完全相同的方式，在孩子前方擺好罐子，讓她嘗試整個活動。

10 氣味猜一猜

氣味是我們最強有力的感覺之一；令人驚奇的是，氣味能夠容納與釋放諸如假期或某一地方之類的記憶。在這個簡單而有效的遊戲中，孩子將有機會分辨不同的氣味，然後測試對於氣味的記憶。

所需物品

- 氣味對比強烈的液體或碎物 6 種（參見右邊的提示）
- 棉墊或棉球
- 有蓋小容器 6 個
- 小托盤

芳療精油非常適合選用作為對比強烈的氣味，如薰衣草、茶樹或柑橘精油。香草是另一種不錯的選擇。

 活動延伸

- 這是一個好機會，向孩子解釋某些物質在聞了之後可能有害，所以總是得先與大人確認。

- 我小時候很喜歡嘗試用玫瑰花瓣製作香水。你可以策劃一個香水店的角色扮演遊戲。

- 收集各式各樣的瓶瓶罐罐，幫孩子製作香水瓶的標籤。她也可以製作一個香水店的商標。

- 你可能會想一開始先用 3 個容器，之後再增加到 6 個。
- 請選擇孩子熟悉的氣味。
- 孩子可能會想閉上眼睛，更有助於專注在氣味上。

活動

1. 將選取的散發氣味物品一一放在棉球或棉墊上，再逐一放入容器，蓋上蓋子。

2. 將容器排成一排放在托盤上，然後放在桌上。

3. 邀請孩子坐在身旁，跟她說：「我們來玩猜氣味吧！」提醒孩子說，她在對比氣味遊戲中做得很棒。

4. 首先，向她展示所有的氣味；請她打開每個容器，一次一個。你先聞一聞，說出氣味的名稱。再遞給她，請她聞一聞，且重複唸出名稱。

5. 接下來，告訴孩子這次她必須自己聞每個容器，試著告訴你是什麼氣味。

6. 孩子又再聞各種氣味時，請她把確定氣味的容器放在右側，不確定氣味的容器放在左側，稍後再試。

# 追蹤遊戲

孩子們很愛玩追蹤遊戲，特別是他們知道最後會找到寶物的時候。玩這個遊戲的人數不拘，可多可少，這是哥哥姊姊加入也很棒的遊戲。對於不愛走路的小小孩來說，他們會開心得忙著玩追蹤遊戲，甚至沒有意識到自己在做練習。

所需物品

- 戶外空間
- 粉筆
- 小袋麵粉
- 寶物（如貼紙、餅乾、巧克力硬幣）

玩追蹤遊戲時，別讓孩子在前頭跑太遠，總是維持在視線範圍內。

活動

1. 選擇戶外空間，任何開放或鄰近的大花園、公園、灌叢地或森林地皆可。
2. 規劃追蹤路線，用粉筆畫大箭頭來標示路徑，如果沒有地方畫箭頭，用麵粉痕來標示。
3. 規劃的路徑應需要約 30 分鐘的步行時間。
4. 向孩子們解釋他們要玩追蹤遊戲，必須留意尋找白色箭頭和麵粉痕。

確保所有的粉筆箭頭和麵粉痕位在孩子的視線範圍，清晰可見。

Part 1
發展感官遊戲

Part 2
促進協調性遊戲

Part 3
培養生活技能遊戲

5. 請孩子選擇最喜歡的 3 種動作，讓其他孩子模仿他的連續動作。

6. 孩子們抵達路徑的盡頭時，用寶物獎勵他們。寶物可以是任何東西，從特殊貼紙到他們最喜歡的餅乾都可以，甚至你也可以藏一些巧克力硬幣。

 學習高度與長度

本活動用標尺來介紹長度的概念，孩子將搭建一個由短至長的標尺階梯。他必須估算每道標尺的長度，以及在階梯的適當位置。

你可以秀出家庭成員的照片和他們不同的身高來討論相同概念；你甚至可以讓每個人從高到矮排成一排！

所需物品

- 學習單 1(參見第 170 頁)
- A3 紙
- 大張厚紙板
- 剪刀
- 藍色和紅色彩色筆
- 膠水
- 托盤

- 放大影印學習單到 A3 紙上。將區塊塗藍色和紅色，開頭第一行的區塊塗紅色，最長端的區塊塗藍色。
- 第一道標尺有 1 個區塊，第二道有 2 個區塊（每種顏色各一個），第三道有 3 個區塊，依此類推。剪下標尺，貼在紙卡上。然後再如圖示剪下。

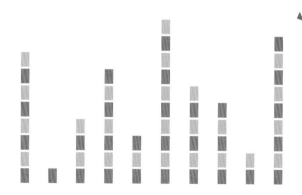

Part
1
發展感官遊戲

Part
2
促進協調性遊戲

Part
3
培養生活技能遊戲

確保著色標尺的左端
對齊排好，孩子才能
清楚看見階梯效果。

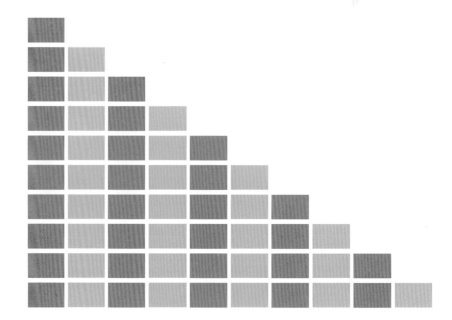

活動

1. 標尺以隨機順序排在托盤上，讓孩子一目瞭然。
2. 把標尺橫放在你的面前，確保孩子可以看得見。
3. 告訴他你要用標尺建造階梯，從最短的標尺開始著手。
4. 挑出最短的標尺放在你的前方。選標尺的時候，右手沿末緣移動，讓他能夠看見你尋找下一個長度標尺的過程。
5. 建好剩下的階梯，最後放的是最長的標尺。
6. 告訴孩子你現在要拆除階梯，讓他可以建造。
7. 一次取下一條標尺，以隨機順序放在孩子的右側。
8. 邀請他建造階梯。

活動延伸

- 把握每次機會補充高矮長短的數學語言。你可以請孩子比較家庭成員的身高，詢問：「誰最矮？」和「誰最高？」
- 你也可以介紹重量的數學語言：「重」和「輕」。請他用手當秤來比較食物的不同重量。

13 發現顏色 ①

孩子們對顏色很感興趣。這些顏色活動一開始先配對原色，然後是二次色 ，最後為單一顏色的深淺漸層。

你可以在 D.I.Y. 商店找到活動使用的油漆色票條。請選用所能找到色彩最鮮明的原色。

所需物品

- 油漆色票 6 條（紅、藍、黃各 2 條）
- 剪刀
- 容器或籃子

選取色票上色彩最鮮明的色層，剪下長方條，這樣就有 2 個成對的紅色條、2 個成對的藍色條和 2 個成對的黃色條。將色票條放入容器中。

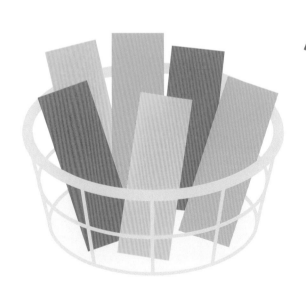

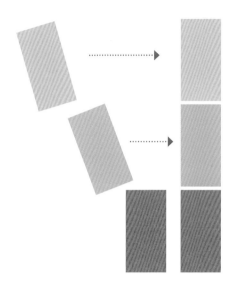

活動

1. 請孩子把容器拿到桌上，然後坐在可以看得清楚的地方。
2. 將容器放在你的前方，取出所有色票條。一半放成橫列，另一半放成直行。
3. 告訴孩子你現在要配對顏色。自直行最下方的顏色開始，從橫列中找到成對的顏色來配對。
4. 邀請孩子完成配對。

 活動延伸

增加更多色票條，使用綠色、橙色和紫色等二次色。

進展到配對單一顏色的深淺色。從同一深淺顏色的色票剪下長方條。邀請孩子配對單一顏色的所有深淺色。參見次頁活動。

14 發現顏色 ②

孩子認識原色和二次色之後，你可以繼續介紹不同深淺色。孩子必須配對不同深淺的色卡。延伸活動可以請孩子從最淺色排到最深色。

所需物品

· 任何顏色的成對油漆
  色樣 2 份

· 剪刀

· 你可能不想一開始就使用所有的深淺色；可先用 4 個，之後再增加到完整顏色組。

· 示範時，請放慢速度，特意強調配對深淺色的搜尋過程，讓孩子了解需要的是什麼。

活動延伸

請孩子用剪下的色票來排列顏色，由淺至深，從左到右。首先，他必須找到最淺色，然後是最深色，接著是中間的其他顏色。

活動

1. 將其中一份油漆色樣剪成個別的深淺色。
2. 將深淺色票放在一小堆，未剪的色樣蓋在上方。
3. 邀請孩子加入，說明你想向他展示一點關於顏色的東西。
4. 請他把剪下的色票攤開，解釋他必須配對顏色。
5. 示範給他看，配對一至兩個顏色。
6. 請他繼續完成活動。

Part 1

發展感官遊戲

Part 2

促進協調性遊戲

Part 3

培養生活技能遊戲

探索溫度

這個活動運用孩子的觸覺，按照冷熱溫度來分類材料。這是許多主題的絕佳入門介紹，包括為何某些材料最適合某類型的工作，以及在我們不舒服時，身體如何產生較高的體溫。

所需物品

· 溫度對比強烈的材料 3 至 8 種（如金屬、瓷磚、木頭或軟木、大理石、羊毛、塑膠）

· 托盤，素面尤佳

· 眼罩（任選）

選擇表面

選擇對比強烈的材料，如織品、金屬、瓷磚、木頭或軟木、大理石、羊毛、塑膠等。

活動

1. 首先，所有材料排成一排，與眼罩一起放在托盤上。

2. 邀請孩子來到桌前，向她展示收集的材料。告訴她材料必須按照溫度，從冷至熱或暖進行分類。

3. 戴上眼罩，說明你現在要「尋找」最冷的材料。依次感受每樣材料，直到找到最冷的材料。選取放在桌子左下方。

4. 重複步驟，找到最熱的材料，把它放在右側，中間留有空間。重複步驟，直到其他材料全部都被選取。

5. 取下眼罩，把材料放回托盤上。邀請孩子進行活動。

6. 她戴上眼罩後，引導她的手伸向托盤，提醒她先搜尋最冷的材料，然後是最熱的材料，依此類推。

- 幼兒一開始可以只用 3 至 4 種材料，然後逐漸添加。

- 眼罩可以提升觸覺，但它是任意選用的，因為有的孩子戴眼罩會覺得不舒服。若是這樣，請他們閉上眼睛即可。

活動延伸

想想其他談論溫度的機會，比如天氣、烹飪、冰箱溫度計、洗澡水、熱巧克力或冰淇淋等食物、冰塊如何製作。

16 介紹質地相反詞

　　這個非常簡單的活動，用粗細度不同的砂紙來介紹 2 個詞：「粗糙」和「平滑」。砂紙是刺激觸覺感知的絕佳材料，很適合用來說明這 2 個質地相反詞。

　　活動開始之前，孩子要先洗手，使手指更為敏感。

所需物品

· 粗糙砂紙 1 張

· 平滑砂紙 1 張

· 容器或籃子

始終從左向右作業，即使孩子是左撇子也是如此。這是為孩子閱讀作準備。

 活動延伸

引入另外兩種粗細度的砂紙，比如，非常粗糙與非常平滑。重複進行活動，但請說：「我現在要摸出最粗糙的砂紙片。」找到之後說：「這是最粗糙的砂紙片」，然後將它放在一旁。再重複步驟，摸出最平滑的砂紙片，找到之後放在右側。

粗糙的　　　　　　　　　　平滑的

活動

1. 每張砂紙裁成約 6 片，然後放入容器或籃子。

2. 請孩子坐在可以看得清楚的地方，把籃子放在你的前方。取出砂紙片，在籃子前排成一排。

3. 向孩子說：「我現在要摸砂紙，看它是粗糙的還是平滑的。」

4. 從左邊開始，僅用食指和中指的指尖觸摸整排砂紙片。當你找到粗砂紙片時，請說「粗糙的」一詞。把砂紙片放在你的左側。

5. 回去摸那一排砂紙片，找到滑砂紙片時，請說「平滑的」一詞。把滑砂紙片放在你的右側。

6. 把 2 張砂紙片遞給孩子，邀請他同樣用指尖觸摸。他摸到表面後，讓他再摸一次，但這次一邊說「粗糙的」或「平滑的」，讓他複誦。

7. 現在拾起砂紙片，把它們放在你的前方。將剩下的砂紙片分成粗砂紙堆和滑砂紙堆。每摸一片，同時說「粗糙的」或「平滑的」。

8. 把所有砂紙以隨機順序放回容器，邀請孩子分類砂紙片。

 # 學習觸感相反詞

孩子需要思考物體的材質，以及材質如何影響觸覺體驗。一旦理解這個概念，就會學習到摸了會凹陷的物體是「軟的」，而不會變形的物體是「硬的」。

與前面的活動一樣，先從介紹相反詞開始，學會之後再加以擴充，因此，按部就班是很重要的。

所需物品

- 不同軟硬度的小東西 6 至 8 個，如彈珠、木頭、黏土
- 容器或籃子

> 選擇觸覺對比強烈的東西，讓孩子可以清楚感受到軟硬的差別。真的用手指往東西壓下去，讓孩子能夠明白軟物觸摸會凹陷。

活動

1. 孩子坐在視野良好處，籃子放在你的前方，從籃中取出一個硬物，放在你的左側。取出一個柔物，放在你的右側。
2. 用指尖往硬物壓下去，然後說「硬的」一詞。對軟物重複相同動作，然後說「軟的」一詞。
3. 把兩樣東西遞給孩子，邀請她與你做同樣動作，觸摸物體的表面。
4. 她摸到表面後，讓她再摸一次，但這次一邊說「硬的」或「軟的」。
5. 邀請孩子把剩下的東西分為硬物或軟物。

Part
1
發展感官遊戲

Part
2
促進協調性遊戲

Part
3
培養生活技能遊戲

活動延伸

向孩子展示如何將東西從最硬到最軟分等級。

使用眼罩,讓孩子單憑觸覺將東西分等級。一邊向孩子展示做法,一邊說:「我正在用手摸著找最硬的東西。」然後把最硬物放在你的左側。接著說:「我正在用手摸著找最軟的東西。」繼續與排成一排的其他東西相比較,直到所有東西都分好等級。

向孩子展示如何按照溫度(最冷和最熱)來做物品分類。選擇溫度對比強烈的物品,如軟木、彈珠、木頭、石頭和羊毛。戴上眼罩嘗試溫度活動。請參見第 40 頁的活動。

質地比一比

　　玩布料可以教導孩子分類、分等級和配對。嘗試這項活動之前，得先完成砂紙活動，因為孩子必須習得「粗糙的」、「平滑的」、「最粗糙的」、「最平滑的」等用語。

　　本活動使用眼罩，鼓勵孩子憑「觸覺」做布料分類。開始之前，務必先閱讀所有步驟！

所需物品

· 布料 10x10 公分 6 片

· 容器

· 眼罩

選擇表面

選擇對比強烈的材料，如織品、金屬、瓷磚、木頭或軟木、大理石、羊毛、塑膠等。

活動延伸

把握每次機會發現粗糙或平滑的表面，鼓勵孩子摸摸看。例如，在公園時跟孩子說：「我想知道那棵樹的樹皮是粗糙的還是平滑的。」或者「我想知道那片樹葉是粗糙的還是平滑的。」或者「我想知道樹葉或樹皮，哪一個比較光滑，哪一個比較粗糙？」

問孩子問題時，務必給她線索或指示輔助回答，而非主動提供答案。請給她充裕的時間思考。

活動

1. 布料片排成一排，擺在籃子前方。向孩子說：「我現在要摸摸看哪些布料粗糙，哪些布料平滑，但我會蓋住眼睛，確定只用手指摸。」把眼罩戴上。

2. 摸一整排，選取一片粗糙的布料。布料握在拇指、食指和中指之間揉搓。再摸一次後，請說：「粗糙的」。把它放在桌子左側。

3. 觸摸布料，直到找到平滑布料，請說：「平滑的」，然後把它放在右側。繼續進行，直到所有布料都分類為粗布料堆和滑布料堆。

4. 取下眼罩，放在籃子裡。混合布料片，然後邀請孩子嘗試這項活動。你可能需要幫她戴上眼罩。（有些孩子可能對戴眼罩感到緊張；若是這樣，請她閉上眼睛即可。）

19 當人體量秤

如果請幼童比較兩個東西的重量，大部分會說體積較大的東西最重。本活動將教導孩子，物體的重量與體積大小無關。從這個起點，才能理解物體的重量是以質量來衡量。

不過，我們一開始會先簡單請孩子當人體量秤，比較兩個對比強烈的東西。當東西的形狀與大小變得相似時，將更有挑戰性。

所需物品

- 組合Ⓐ 各式各樣對比強烈的東西，如石頭和羽毛，或豆子罐頭和盒裝茶包
- 組合Ⓑ 大小與重量較類似的配對，如差不多大的積木

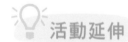 活動延伸

🔵 與孩子外出走動時，讓孩子想想看哪裡可能找到秤重裝置，如看醫生時、機場行李秤重時、購買食物時。

🔵 一起做飯時，讓孩子幫忙食材秤重。

🔵 請嘗試次頁的「製作你的專屬量秤」活動。

活動

1. 向孩子展示一套量秤，問他認為量秤是做什麼用的。如果他不確定，向他示範如何使用量秤。問他為什麼知道東西的重量可能有用。

2. 向他解釋現在他要像量秤一樣比較兩個東西，猜猜看哪個比較重。

3. 從組合 A 中選取兩個對比強烈的東西，兩隻手上各放一個。

4. 用蹺蹺板動作來示範兩個東西的重量比較。

5. 現在先問孩子認為兩個東西中哪個較重？然後再將東西放到他的手上。

6. 等他理解活動，就可以繼續比較組合 B 的東西重量。

製作你的專屬量秤

20

這個活動是比較重量活動的自然延伸,兩者同樣都用蹺蹺板動作來比較重量。蹺蹺板是解釋量秤如何作用的良好起點。

因此,帶孩子去一趟有蹺蹺板的地方兒童遊樂場,是個不錯的主意。在那裡,問她如果蹺蹺板的一端是孩子,另一端是大人,哪一端會升上去,哪一端會降下來。

所需物品

- 附有 2 個裙夾的掛衣架
- 寬度完全相同的金屬絲 4 條,約 35 公分
- 紙杯或乾淨的優格杯 2 個
- 一些可秤重的輕巧小物,如曬衣夾

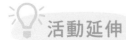 活動延伸

- 如果兩物重量存在顯著差異,你可以探索該物需要多少個才能平衡量秤。

- 向孩子建議,思考看看東西是由什麼製成的,以及材料是否為決定所選物品重量的可能因素。

活動

1. 向孩子解釋現在要製作一個量秤，
   作用方式與看到的蹺蹺板類似。
2. 用一條金屬絲纏繞一個杯子的外
   緣，預留 20 公分的長度。
3. 另一條金屬絲重複相同步驟。捻合
   金屬絲，連結兩個 20 公分的長度，
   成為你的量秤的提紐。
4. 另一個杯子重複相同步驟。
5. 小心翼翼用杯子中間的金屬絲提
   紐，將兩個杯子一一掛到衣架的夾
   子上。
6. 把完成的量秤掛在門把上。現在量
   秤已經完成，孩子可以享受秤量不
   同東西的樂趣。

捻合金屬絲時，
可能需要膠黏油
灰或膠帶。

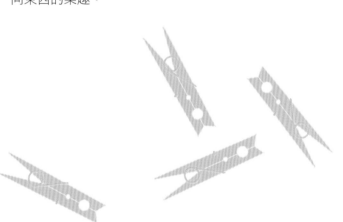

21 觸摸袋遊戲

　　孩子會非常喜歡這個遊戲，這個遊戲挑戰了觸覺記憶，將先前活動遇到的所有觸覺體驗集合一起。

　　遊戲目的是透過觸摸的方式，猜猜看是哪一個所選物品被放入袋子裡。你可以問孩子如何猜出袋子裡的東西，藉機教導新的詞彙。

所需物品

- 不同物品 3 至 5 個，例如心愛玩具、蘋果等
- 抽繩袋，如洗漱袋
- 容器或籃子
- 擦碗巾

活動延伸

孩子對這個活動越來越有信心時，請將 2 個東西同時放入袋子裡，然後再放 3 個。

活動

1. 向孩子展示容器或籃子裡的東西，一次一個，唸出名稱。
2. 向孩子說明，他現在要單憑觸摸，猜猜看你把哪一個東西放入袋子裡。請孩子轉過身去，閉上眼睛。
3. 選取一個東西放入袋子裡。用擦碗巾蓋住其他東西。
4. 請孩子睜開眼睛，把袋子遞給他。問他是否能夠猜出袋子裡的東西。給他時間探索物品，如果他似乎不確定，可以提醒物品名，如「你認為這是球嗎？」
5. 他猜對時，再選另一物繼續，直到所有東西都被猜中為止。

- 選擇形狀與質地不同、對比強烈的東西，包含一些心愛物品，如玩具。

- 幼童一開始只用 3 個東西，之後再增加到 5 個。

22 配對平面 (2D) 形狀

本活動的重點在於形狀的數學概念。孩子將會習得如何識別圓形,以及如何估量不同圓形大小的差異。剪下的圓形與畫在紙上的圓形相配對。這樣有檢查作用,讓孩子能夠查看自己的估量是否正確,做自我修正。在「活動延伸」中,用正方形和三角形重複相同活動。

所需物品

· 學習單 2

（參見第 172 頁）

· A4 紙

· 剪刀

· 容器或籃子

始終從左向右作業,即使孩子是左撇子也是如此。這是為孩子閱讀作準備。選取圓形時慢慢來,來回查看學習單和紙圓形,讓孩子看到你正在比大小。

活動延伸

在學習單 2 上,另外會看到正方形和三角形的部分。重複本活動,進行正方形配對,然後是三角形配對。

活動

1. 將學習單影印多分至硬紙。剪下一組圓形，放入容器或籃子。至少保留一張紙完整未剪。

2. 在你拿學習單的時候，請孩子把容器拿到桌上。請孩子坐在可以清楚看見的地方。把學習單放在你的前方，容器放在學習單之後。

3. 取出圓形，以隨機順序在學習單上方排成一排。

4. 告訴孩子現在你要配對圓形，從最大的圓形開始，最後是最小的圓形。

5. 選取最大的紙圓形，與學習單上的圓形配對。繼續進行，直到所有圓形都配成對。

6. 把圓形放回容器，連同學習單一起遞給孩子嘗試。

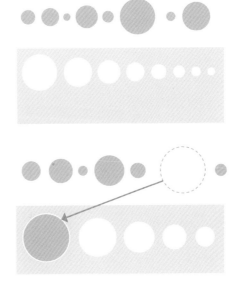

23 配對立體（3D）形狀

這個活動是前一活動的進階版，現在形狀是以立體（3D）形式出現。使用的形狀都是熟悉的物品，請給予正確的數學名稱，做分類配對。使用熟悉物品將有助孩子記住數學名稱。

所需物品

- 球體 2 個，如網球或彈珠
- 立方體 2 個，如積木
- 圓柱體 2 個，如小罐子
- 容器或籃子

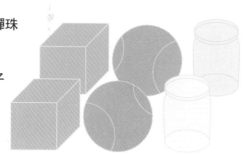

活動

1. 請孩子把容器拿到桌上，放在她的正前方。告訴孩子她現在要配對實體形狀。
2. 對孩子說：「你能幫我找到一個立方體的積木嗎？」她選取積木後，請她放在左側。
3. 詢問同樣的問題，但先找一個球體，然後再找一個圓柱體。
4. 請孩子將盒子裡剩下的實體形狀與桌上的形狀相配對。
5. 逐漸增加實體形狀的數量，直到孩子能夠配成 6 對。

活動延伸

○ 你可以引入其他立體形狀，如圓錐體、角錐體和卵形體。你可能手邊有這些形狀的玩具，但也可以使用冰淇淋甜筒和水煮蛋，展示金字塔的照片。

○ 你可以玩次頁的「觸摸袋配對」。使用球體、圓柱體和立方體各一。先向孩子展示，一次一個，唸出名稱。請孩子閉上眼睛，把一個實物放入袋子，同時把另外兩個實物藏起來，請孩子睜開眼睛。把袋子遞給她，讓她摸一摸實物，試著猜猜看是哪一個。

24 用觸摸袋配對立體（3D）形狀

　　這個活動是從平面形狀到立體形狀的進階版，同時可以強化孩子的立體形狀名稱認識。觸摸袋的使用，提醒孩子可以在識別物體時運用觸覺和視覺。

所需物品

· 立體形狀 3 個（圓柱體、球體和立方體）
· 抽繩袋

· 幼童一開始只用兩種形狀。

· 如果孩子在活動後仍然對名稱沒有自信，請再重新介紹。

 活動延伸

孩子對活動有自信時，可以向她介紹形狀的書面名稱。在個別卡片上寫下形狀的名稱。用右頁的相同步驟介紹名稱。孩子對書面名稱有自信時，讓她將書面名稱與形狀配對。

活動

1. 3 種形狀在桌上排成一排,抽繩袋放在旁邊。
2. 邀請孩子來到桌前,提醒孩子說,她在立體形狀配對遊戲中做得很棒。向她說明這是一個很好玩的活動,有助於形狀名稱的學習。
3. 介紹面前 3 種形狀的名稱時,先拿起一種形狀,一邊唸出名稱一邊觸摸,然後遞給孩子做同樣動作。其他兩個形狀也重複相同步驟。
4. 現在輪流觸摸每種形狀,唸出名稱,再請孩子複述一遍。
5. 對孩子說:「告訴我哪個是圓柱體。」請她指出來。其他形狀也重複相同做法。
6. 請她閉上眼睛,然後將其中一種形狀放入觸摸袋。請她把手伸進袋子裡,看她是否能夠猜出形狀。其他形狀也重複相同步驟。

音階

　　本活動用盛裝不同水位的瓶子來製作音階，向孩子介紹泛音、高低音，以及泛音只在特定規律下作用的概念。請向孩子說明碎玻璃的危險。讓他看到你小心翼翼地處理與搬拿，他也會學著這樣做。

所需物品

- 玻璃瓶或玻璃杯 5 個
- 水
- 茶匙
- 食用色素（任選）

首先，以水染顏色的方式來增添活動趣味。玻璃瓶或玻璃杯盛裝不同水位的水來製作音階。用茶匙一一輕敲，檢查聲音對比是否明確。如果聲音之間需要加強對比，請調整瓶水量。

活動延伸

- 從使用 5 個瓶子來製作音階，進展到使用 8 個，也就是完整音階的總數。

- 如果孩子評論是瓶子大小不同或瓶中水量不同而導致音高差異，請讓孩子實驗這些想法。

活動

1. 向孩子展示如何把玻璃瓶或玻璃杯——安全搬到桌上,一隻手持瓶子底座,另一隻手扶側邊。

2. 讓孩子坐在左側,瓶子放在你的前方,在桌子後端排成一排。

3. 告訴孩子:「我現在要示範如何製作音階。首先,必須仔細聆聽,找到最低音。」拾起湯匙,輕輕敲擊瓶子或杯子側面,找出最低音。找到正確的瓶子之後,從原有行列取出,放在左邊。

4. 向孩子說:「現在我得仔細聆聽,找到最高音。」重複相同動作,取出最高音,再把瓶子放在右邊,中間為其他 3 個瓶子預留空間。

5. 邀請孩子完成音階,告訴孩子:「我已經找到最低音(輕敲瓶子)和最高音(輕敲瓶子)的瓶子。現在你可以排列介於兩者之間的聲音。」把瓶子放到孩子的前方,讓他能夠完成音階。

探索玉米粉 的神奇特性

這個活動是孩子學習液體與固體的絕佳指引。玉米粉「很神奇」，因為它可以這一刻表現得像液體，下一刻卻像固體（快速攪拌幾下之後）。在探索玉米粉神奇特性的過程中，孩子會玩得很開心。

所需物品

- 大型攪拌盆
- 玉米粉
- 水 1 壺
- 木質湯匙
- 托盤或易潔桌巾
- 圍裙
- 食用色素（任選）

玉米粉與水的比例應約為 2:1，因此，建議孩子慢慢加水。如果玉米粉未形成球，則需要更多的玉米粉。

活動延伸

- 你可以將玉米粉黏泥用於各式各樣的小小世界和角色扮演活動，例如，倒入烤盤，烘烤玩具恐龍。

- 建立科學實驗室，裡頭有白色實驗袍、安全眼鏡、彩色水罐，當然，還有你的玉米粉黏泥。

活動

1. 將攪拌盆、玉米粉、水、食用色素和湯匙一起放在托盤或易潔桌巾上。
2. 邀請孩子過來，向他解釋你想展示這款特殊的玉米粉，活動挑戰是加水試著把它捏成球。為孩子圍上圍裙。
3. 請孩子用湯匙舀一些麵粉到攪拌盆裡，然後加一點水和 4 滴左右的食用色素（任選）。
4. 請孩子攪拌玉米粉和水，觀察發生什麼事。
5. 問他如果改變攪拌速度，是否會有影響。
6. 當混合物達到適當稠度（見左頁的提示），孩子就能製作球；問孩子是否能夠滾球，或者球是否會變回液體。

27 怪怪賽車

每一個擁有玩具車的幼兒都喜歡在房內任何表面上賽車。這是他們發現不同質地的方式。

這個活動的靈感來自於此,運用手邊的各種材料來打造一條迷你複合表面賽車道。避免使用可能導致鼻子堵塞或窒息危險的材料。

所需物品

- 大型托盤或烤盤
- 托盤內鋪的鋁箔紙
- 麥克筆
- 中等大小的黏土球或塑泥球
- 選用各種不同質地的賽車道材料。以下是一些你可能會想使用的材料(當然,你也可以嘗試用自己的材料):碎蛋殼、蛋盒、沙子、貝殼、瓦楞紙板、彈珠、鈕扣、樹皮片、樹枝
- 玩具車

 活動延伸

你可能會想升級賽車道,以下有一些建議:

○ 拿帶有冷杉針葉的小樹枝,插入黏土固定,排成賽車道上的樹木。

○ 你可以用紙片和棒棒糖棍製作道路號誌,同樣插入黏土固定。

活動

1. 用鋁箔紙鋪好托盤內底。
2. 用麥克筆標出一條彎彎曲曲的怪怪賽車道，上面有很多 U 字型彎道。
3. 取黏土搓捲成細細長長的「蛇」。如果孩子有能力，邀請他來幫忙。
4. 沿著標示的賽車道線，把蛇排列在鋁箔紙上，作為路障和放置材料的空間。
5. 選用一種材料來填充一段賽車道。每種材料的覆蓋面積取決於你所擁有的材料量。要讓活動發揮實效，必須盡可能容納多樣材料，建議至少 4 種以上。
6. 繼續一段一段填充賽車道，直到全部完成。現在準備好可以賽車了。
7. 給孩子多台玩具車，讓他帶在賽車道上跑，感受各種鋪設表面之間的差異。

促進協調性遊戲

　　我們把移動身體的能力視為理所當然。做運動或使用鍵盤、穿針等精細運動技能所涉及的協調複雜度，以某種方式定義了我們自己。

　　我觀察到，孩子掌握了新的身體技能時，從中得到的快樂不亞於任何語言成就。對於自己身體的控制，讓他們感到更有能力與自信。

　　你將在本章中找到介紹與發展大肌肉運動和精細運動技能的活動。

跑到哪裡去？

手眼協調可從最早階段開始建立，方法是運用最簡易拼圖作業的遊戲，從配對吻合的正方形開始，朝向用個別拼片拼出圖案。

這個活動告訴你如何製作最基本立體（3D）拼圖的材料，隨著孩子技能的提升可再發展。

所需物品

· 不同形狀的物體或積木集合，
  如三角形、正方形和圓形

· 紙箱

· 剪刀或工藝刀

· 透明膠帶

孩子遇到困難時，請嘗試用形狀顏色作為線索。比如說：「這個形狀是藍色的。」

 活動延伸

一旦孩子熟練，你可以製作更多不同大小與形狀的洞孔與對應物體，且最好是在同一個箱子上，對於孩子來說，將是更具挑戰的作業。

Part
1
發展感官遊戲

Part
2
促進協調性遊戲

Part
3
培養生活技能遊戲

活動

1. 收集不同形狀的積木，如三角形、正方形和圓形。

2. 在紙箱上方裁出與所選積木相同形狀、但稍微大一點的洞孔。用膠帶黏住所有紙箱蓋口，只剩洞孔可放東西進去。

3. 給孩子第一個形狀。引導她用手指沿著邊緣畫出形狀的輪廓，然後同樣沿著箱子的洞孔這麼做，讓她更熟悉形狀的觸感。

4. 讓她把形狀放入對應的洞孔。如果她找不到正確的洞孔，請從旁引導。

5. 其他所製作的形狀，同樣重複步驟 3 和 4。當孩子更有自信時，重新開始，看看她是否能夠自己找到符合形狀的正確洞孔。

6. 一旦孩子更加熟悉所使用的形狀，便開始介紹語言。你把形狀遞給她時，說出形狀的名稱，並回頭把形狀與她的觸覺認識相聯結。例如，「這是三角形。三角形有三個邊。」

 # 滾球遊戲

幼兒尚未發展出接球技能的時候，可以如本活動介紹的，在滾動的動作中送球和接球。這是非常適合開始發展大肌肉運動技能與手眼協調的活動。

所需物品

· 沙灘球或類似的大尺寸輕型球

你把球滾給他之前，短暫低頭看一下，再望向他，讓他聯想到要看發球點。

活動

1. 雙腿張開坐在地板上，這樣你就能與孩子面對面。
2. 邀請孩子以同樣的方式坐下。像這樣坐著，你們就在定義一個區域，為球設定界線。
3. 開始輕輕把球滾向孩子。
4. 鼓勵他用手擋球。如有需要，你先做示範。
5. 邀請他把球滾回來給你。
6. 當他對傳球有自信時，你可以挪後一點。當他對新距離有自信時，可以再次重複此一步驟。

Part
1
發展感官遊戲

Part
2
促進協調性遊戲

Part
3
培養生活技能遊戲

 # 投擲豆袋

　　豆袋是協助幼兒發展投擲技能的最佳配備。豆袋與球不同，不會滾來滾去，所以幼兒覺得可愛又有安全感。這個活動會設定投擲豆袋的標的區，更有助於手眼協調。

所需物品

· 寬敞的室內或戶外空間

· 跳繩或呼拉圈

· 豆袋或豆填充布絨玩具，每個孩子 1 個

提醒孩子在投擲時得保持手臂伸直。

活動延伸

○ 你可以進一步使用彩色圓錐，請孩子投向特定顏色。

○ 如果有多名孩子，可以看誰第一個把豆袋投進標的。

活動

1. 把繩子放在地上，圍成圓圈。
2. 站在距離繩子約 50 公分的地方，向孩子示範如何將豆袋低手投進標的。
3. 讓孩子試試看。
4. 一旦她熟練這個距離，退一步再讓她試試。

31 套圈圈遊戲

套圈圈遊戲，相信是大家記憶猶新的童年遊戲，也是發展運動技能與手眼協調的最佳遊戲。我們總是希望孩子能有最大的成功機會，所以特別針對幼兒，我將遊戲分成三個階段。

這些步驟可以讓孩子自然而然強化技能，進階挑戰水準。設備方面，我建議將竹籤插入裝滿土的花盆中。圈圈環在任何玩具或體育用品專門店都可以買得到。

所需物品

- 裝滿沙土的中型花盆 3 至 5 個
- 竹籤 3 至 5 支
- 圈圈環 3 到 5 個
- 臉盆或水桶 3 至 5 個
- 紙膠帶或線球 1 個

 活動延伸

運用彩色圈圈環、臉盆和竹籤，這個遊戲也很適合用來介紹顏色。同樣地，為標的編上號碼，你也可以介紹數字或結合兩者。例如，「看看你能不能把圈圈環套到紅色的 1 號竹籤上。」

活動

1. 用膠帶或繩子在地上標出 3 個直徑約 40 至 50 公分的圓圈。邀請孩子試試看能否把圈圈環投到每個圓圈中。等他熟練時，前往下一階段。

2. 把碗盆放在圓圈中。這次邀請孩子試試看能否把圈圈環投到臉盆裡。等他對此有自信時，再前往下一階段。

3. 移走臉盆，每個圓圈放入 1 個花盆，每個花盆插入 1 支竹籤，露出約 20 公分長。現在，邀請孩子試試看能否把圈圈環套到每支竹籤上。

- 一開始使用 3 個標的，逐漸增加至 5 個。

- 較年長的孩子可以從第 2 或第 3 階段開始。

- 標記孩子的站立點，當他對該距離有信心時，將站立點往後挪。

Part 1
發展感官遊戲

Part 2
促進協調性遊戲

Part 3
培養生活技能遊戲

32 馬戲團演員 ①

在某些方面,平衡就像孩子的第六感。幼兒似乎天生渴望發展他們的平衡能力,總是抓住任何機會沿著低杆或矮牆走。

這個活動讓他們化身馬戲團演員,走在鋼絲上,但絕對安全無虞。

所需物品

· 寬敞的戶外空間
· 彩色粉筆

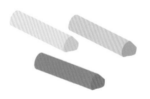

活動延伸

他有信心沿線走時,可以試試看手持兩面旗幟,一手一面。他也可以試試看佩帶一只小鈴鐺,走路時得盡量不發出聲響。

當孩子準備好進展到沿著低杆或矮磚牆走時,讓他選擇想開始走的低杆。孩子們很清楚自己在什麼樣的高度會感到自在。

活動

1. 找一塊鋪石或水泥地，寫上的粉筆可以擦掉。
2. 畫一條約 3 公尺長的直線。
3. 向孩子示範如何沿線走路，將一隻腳直接放在另一隻腳的前方。走路時身體直立，雙眼望向前方，手臂水平張開。
4. 輪到孩子走，但他需要你托著引導走直線，所以他沿線走的時候，請扶著他伸出的雙手。

33 馬戲團演員 ②

　　現在孩子已經熟練沿線走路，準備嘗試一些其他擴展平衡與協調能力的活動。這一系列活動使用相同的直線概念，但會請孩子手裡拿著東西。所選物品的難度循序漸進，待熟練一樣物品後，就可以進階至下一物品。

所需物品

・紙膠帶

・豆袋或布絨玩具 2 個

> 在戶外，你可以用粉筆畫一條線，讓孩子手拿 2 顆小石子，用以取代豆袋。

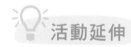
活動延伸

孩子熟練豆袋時，你可以使用裝滿水的塑膠杯。目標是小心不把水灑出來。

活動

1. 用紙膠帶標出一條約 3 公尺長的直線。
2. 提醒孩子，第一個馬戲團演員活動是保持平衡走在線上。讓她再練習一次。
3. 說明這次她要嘗試新挑戰；她還是走在線上，但這次會拿著 2 個豆袋。示範後邀請她嘗試。

Part
1
發展感官遊戲

Part
2
促進協調性遊戲

Part
3
培養生活技能遊戲

 # 球瞄準目標

孩子熟練傳送和接收滾球的技能後，現在準備好「球瞄準目標」。

這個活動需要更高度的協調能力，且顧名思義，球不僅要傳送，還得瞄準目標。盛滿水的標的更添樂趣，實際上也有助於防止球反彈回來。

所需物品

· 大盆子，如臉盆，盛裝約10 公分的水

· 大防水布（如果在室內玩遊戲）

· 中至大尺寸輕型球

請記住，每一個孩子熟練新技能有自己的時程，可能無法一開始就達到所有目標。

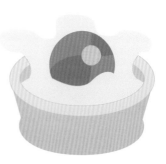

活動

1. 把盛水盆子放在地上。如果在室內玩遊戲，請先鋪上防水布，避免濺水導致損害。
2. 手拿球走近盆子，輕輕把球丟進盆子裡。
3. 拿起球遞給孩子。邀請她試試看把球丟進盆子裡。
4. 一旦能夠達到目標，邀請她往後退一步，再嘗試從新的距離丟球。一旦新距離達到目標，可再重複此一步驟。
5. 孩子從不同距離都能做到時，為了讓活動更有挑戰性，可以引入小至中尺寸的盆子和球，與她一起重複步驟 1 至 4。

Part
1
發展感官遊戲

Part
2
促進協調性遊戲

Part
3
培養生活技能遊戲

九柱球道

　　這款九柱球 遊戲非常容易準備，孩子在家就能擁有自己的九柱球道。看到瓶柱被自己滾過去的球擊倒，他們會玩得不亦樂乎。

　　比賽可採單人、雙人或團隊形式；同時，這是促進手眼協調的絕佳遊戲。

所需物品

- 狹長型室內或戶外空間，約 4x1 公尺
- 有蓋的大型空寶特瓶 5 個，如礦泉水瓶或軟性飲料瓶
- 中尺寸輕型球

- 你可以用彩色貼紙裝飾瓶柱，或者用麥克筆為瓶柱編號。
- 如果瓶柱看起來有點不穩，可以裝一點水或米來增重穩固。

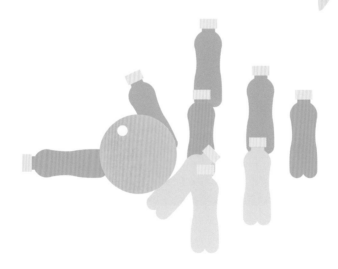

活動

1. 在選用空間的一端，所有瓶柱立成一排。
2. 請孩子站到另一端。
3. 你可以把墊子排在球道兩側，為孩子明確界定路徑。
4. 向他們示範如何滾球，嘗試擊倒瓶柱。
5. 讓他們輪流嘗試擊倒瓶柱，然後幫下一個玩的人擺好瓶柱。

 活動延伸

○ 孩子對遊戲較有自信、能夠擊倒更多瓶柱時，可以改變陣型，讓遊戲更具挑戰性。

36 裝飾你的專屬呼拉圈

呼啦圈是用途最廣泛的兒童玩具之一，適用於多樣遊戲。在本活動中，孩子將會為自己製作獨一無二的專屬呼拉圈。

我選擇了經典的螺旋形，不過，如果孩子特別有創意，建議選項就很多。

所需物品

· 呼啦圈

· 金屬用膠帶捲，顏色任意

· 剪刀

· 絲帶或繩子，約 40 公分長

活動延伸

以下提供若干其他可嘗試的圖樣：

· 雙螺旋或三螺旋

· 十字形

· **彩格**：用不同顏色的膠帶組成無間隙的十字形圖樣

· **彩虹**：呼拉圈上標出 7 等分，每個區段用一種顏色作無間隙的螺旋形包覆

活動

1. 把呼啦圈、膠帶、剪刀、絲帶或繩子一起放在桌上。
2. 邀請孩子來到桌前，向她說明現在要來裝飾她的呼啦圈。
3. 剪一段約 20 公分長的膠帶。重複剪下更多段膠帶。
4. 用絲帶或繩子示範如何在呼拉圈上繞成螺旋狀；讓她決定螺旋之間要隔多寬。
5. 將第一段膠帶以螺旋形貼到呼拉圈上。
6. 現在邀請孩子用其他膠帶段繼續貼螺旋，直到呼拉圈上的螺旋全部完成。

Part
1
發展感官遊戲

Part
2
促進協調性遊戲

Part
3
培養生活技能遊戲

 # 跳花繩

　　我小時候玩這個遊戲時，兩名朋友會充當橡皮帶的杆子，然後我們輪流當跳花繩的人。在這個版本中，兩把椅子用來當作杆子，不過，如果朋友們一起來玩，也可以恢復傳統玩法。

　　在本活動中，我們使用的動作順序很簡單，但孩子熟練遊戲之後，可以學習更複雜的動作順序。

所需物品

- 橡皮帶，5 至 7 公尺長
- 堅固椅子 2 把

- 針對幼兒，請將橡皮帶設在離地 10 公分的位置。
- 確保椅子堅固；擔心的話，將椅子增重穩固。

活動延伸

孩子對遊戲更有自信時，將橡皮帶移得更高，這樣跳躍會更費力。

孩子跳花繩時，可以一邊唸以下韻文：

巧克力蛋糕，放進爐子烤，

要烤幾分鐘？

1、2、3、4，完工。

孩子可以試著與朋友一起唸。

變化動作順序和韻文；你在網路上可以找到很多版本。

活動

1. 將橡皮帶的兩端繫起來，成一個圈。
2. 椅子彼此相距約 5 公尺，背對背擺設好。
3. 邀請孩子幫你把橡皮帶繞放每把椅子的後腳（離地約 20 公分），形成橡皮帶長方形。
4. 示範時，雙腿跨立一條橡皮帶上，然後跳到另一條橡皮帶上，再跳回來。讓孩子練習。
5. 再度示範，這次雙腳在中間。然後跳出去，雙腿跨在兩條橡皮帶上，再跳回來。再次跳出去，然後跳到兩條橡皮帶上。
6. 邀請孩子試試看。一旦他能做到，看看是否能夠合併兩個動作順序。

翻花繩

翻花繩是人類歷史記載的最古老遊戲之一，世界各地的不同文化皆有提及。傳統上，這個遊戲是與同伴一起玩，繩子在手勢變換之下，做出不同的形狀。

本活動由 4 種不同的形狀組成動作順序。第一次嘗試時，孩子可能會覺得相當複雜，不過，一旦熟練遊戲，她會對自己的新技能感到喜孜孜。

所需物品

· 毛線或繩子，約 1 公尺長

介紹本活動時，可以從重複步驟 2 和 3 開始，然後再逐一進行接下來的步驟。

活動

1. 首先，把毛線末端繫起來，成一個圈。
2. 請孩子兩手伸開 30 至 40 公分，手掌對手掌。
3. 毛線各繞手腕一圈，請孩子把毛線拉緊。
4. 請孩子用右手中指把左腕上的毛線拉到右邊，左手中指重複同樣的動作。毛線形成交叉狀，稱之為「貓的搖籃」（cat's cradle，即翻花繩遊戲的英文名）。

活動延伸

孩一旦孩子熟練動作順序，她可以向朋友介紹遊戲，一起玩翻花繩比賽。

5. 從側面靠近花繩，把雙手的拇指與食指各放在交叉處一側，向外拉
至底繩下方，然後從中間穿上來。同時，在你伸開拇指與食指時，
請孩子鬆開手指。現在，你做出了第二個形狀——水平交叉。

6. 讓孩子用雙手的拇指與食指各抓住兩個 X 的一側，向上提起，再
往外拉，越過外繩後繞至下方，再從中間穿上來，最後拉出下一個
形狀，我稱之為火車線。

7. 接下來，用右手小指鉤住內側左弦下方，外拉至右側，形成一個三
角形。左手小指重複同樣的動作，將內側右弦拉至左側。現在呈現
的是菱形。

8. 用雙手的拇指與食指（併攏），穿過三角形下方，再從中間穿上
來，小指持續扣住繩子。孩子鬆開手指時，張開你的拇指與食指。
現在，你又回到貓的搖籃，可再重啟動作順序。

製作最後的形狀
時，注意別鬆開小
指頭上的繩子，否
則會做不出來。

Part
1
發展感官遊戲

Part
2
促進協調性遊戲

Part
3
培養生活技能遊戲

39 彩帶舞步

在逾 20 年的教學經驗裡，我未曾遇過不喜歡隨音樂律動的孩子。孩子可能會覺得雙腳跳、蹦跳、單腳跳或平衡很困難，但是如果加入音樂，他就會深深陶醉，隨著音樂跳起舞來，完全忘了動作和學習舞步順序的技術挑戰。他也會很喜歡嘗試將動作搭配彩帶棒。

所需物品

· 絲帶或縐紋紙細條，約 1 公尺長，繫在棒子上
· 節奏對比強烈的活潑音樂

針對需要較多支援的幼兒，可以提供另一支彩帶棒，讓他們模仿你的動作，直到他們有自信自行動作。

 活動延伸

這項活動的兒童人數不拘，很適合朋友來玩的時候進行。

舞蹈可以有一個主題，如動物。針對動物主題，建議試試看《彼得與狼》（普羅高菲夫）或《動物狂歡節》（聖桑）等音樂。

活動

1. 向孩子展示彩帶棒，示範以順著不同形狀、不同方向移動手臂的方式來舞動絲帶。

2. 把棒子遞給孩子，告訴他你現在要放一點音樂，所以他可以合著音樂拍子舞動絲帶。

3. 他開始隨音樂動作時，建議一些相反動作，例如：慢慢移動、快快移動、跳高高、蹲低低、快轉、慢轉。

4. 添加不同的移動方式，例如：仙子步、巨人步、蹦跳、奔馳、單腳跳、雙腳跳、扭扭舞。

5. 請孩子選擇 3 個最喜歡的動作，串成舞步順序。

6. 請她重複舞步順序，直到動作能夠一氣呵成，毫無停頓。告訴她，現在她編出了個人舞蹈。

 # 跳房子

這是一個雙贏遊戲，因為它結合了大肌肉運動技能的身體發展（包括平衡與手眼協調），以及如何書寫和編排數字的學習。全方位的贏家！你會需要一個大到足夠劃出跳房子格子的戶外區域。

所需物品

- 白色或彩色粉筆 2 支
- 小石頭 2 個

活動

1. 邀請孩子來幫忙劃出跳房子的格子。
2. 用粉筆畫一個正方形。問孩子哪個數字先開始，請她寫進正方形中。
3. 在數字 1 正方形的上方，再畫 2 個大小相同的正方形。
4. 請孩子填入接下來的兩個數字。
5. 重複相同步驟，直到完成 10 個格子。
6. 向孩子示範玩法，先把石頭丟到數字 1 上，單腳跳上去，撿起石頭，然後單腳跳回來。繼續玩到數字 5，然後邀請孩子試試看。

 ## 活動延伸

針對非常喜歡數字的孩子，可以把格子擴增到 20。

玩這個遊戲可以選擇只跳偶數或奇數。

Part
1
發展感官遊戲

Part
2
促進協調性遊戲

Part
3
培養生活技能遊戲

# 撿竹籤

　　這是老少咸知的傳統遊戲，考驗的是手眼協調、精細運動技能、鋼鐵意志與耐心。我使用串燒竹籤，這在大多數的超市都可以買得到，不過，你也可以使用其他替代品（請參見下方提示）。最初這版遊戲，孩子還在學習遊戲的玩法，竹籤先不上色。

所需物品

· 燒竹籤 1 小包

> 安全要點：串燒竹籤有尖頭，所以請確保孩子意識到此，且孩子玩遊戲時在旁監督。

## 活動延伸

○ 一旦孩子理解遊戲規則，你可以用畫的或短暫浸泡食用色素的方式，為竹籤上色。每種顏色可代表特定得分數。

○ 孩子熟練遊戲後，他可以把遊戲介紹給朋友。

活動

1. 告訴孩子，你想秀給他看一個好玩的新遊戲，叫做「撿竹籤」。
2. 把竹籤集成一捆，然後丟下讓它們自然散落地面。
3. 向孩子說明，他們必須在不移動其他竹籤的情況下，撿起 1 支竹籤，就能得到 1 分。
4. 撿起 1 支竹籤，然後邀請孩子也這樣做。
5. 提醒孩子，如果另一支竹籤移動，就無法得分。
6. 繼續玩遊戲，直到撿完所有竹籤。

Part
1
發展感官遊戲

Part
2
促進協調性遊戲

Part
3
培養生活技能遊戲

42 擲距骨遊戲

擲距骨遊戲的歷史，一般認為是源自古希臘或古埃及，當時名為「五石遊戲」或「抓石遊戲」。這個遊戲的吸引力在於它很簡單，任何年齡層都能樂在其中。它可以發展手眼協調、記憶力和專注力。此外，要撿拾的抓子數量也有數學的元素。

所需物品

· 小東西 10 個，如抓子或石頭（或者小沙包）
· 小型彈力球

如果孩子接東西會有困難，先用 5 個抓子來玩，而非 10 個。

 活動延伸

撿起抓子之前，球能彈跳的次數可訂定不同規則，這對孩子學習遊戲有所助益。

活動

1. 邀請孩子觀察你示範遊戲。首先，像擲骰子一樣投出抓子或石頭。

2. 球往上拋，撿起 1 個抓子，在球彈地第二次之前，把球接住，皆用單手動作。

3. 邀請孩子試試看，讓她練習多次。

4. 第一輪（onesies）時，撿起的抓子換到另一隻手，再繼續撿抓子，一次一個，直到撿起 10 個。

5. 讓孩子繼續撿抓子，一次一個。

6. 第二輪（twosies）時，一次撿起 2 個抓子，然後是 3 個、4 個，依此類推。如果數目是 6 個以上，剩餘的抓子不必撿起。

43 繞欄杆編織

織入與織出動作是多種不同活動的基礎，有助於孩子的手眼協調、發展，同時加強他的手指和手腕肌肉。繞欄杆編織是一個絕佳的起始點，由於規模較大，孩子將可清楚看見織入與織出材料產生的圖案。

所需物品

· 絲帶或織物條（如裁剪的床單），約 1 公尺長

· 欄杆，約 1 公尺長

如果孩子並未立即理解編織動作，只要再度示範即可。

 活動延伸

嘗試各種編織材質，從縐紋紙到毛線。嘗試把材料編織成彩色圖案。一旦孩子熟練欄杆，可以進展到使用堆疊環玩具組上的環柱，或者嘗試真正的挑戰，在網球拍的弦上織入與織出鞋帶。

活動

1. 選擇一段欄杆，最好是平坦沿著平台。如果孩子是右撇子，他應該坐在你的左邊，但小心遠離樓梯落下處（如果孩子是左撇子，則相反）。
2. 與孩子說明，現在你要向他展示如何編織。取一段絲帶，將末端繫在左側距離你約 1 公尺的欄杆桿上。
3. 現在，將絲帶織入與織出，直到末端。
4. 解開絲帶，邀請孩子試試看。
5. 一旦孩子熟練編織動作，選擇另一條絲帶，重複進行，但開始的位置稍微高一點。

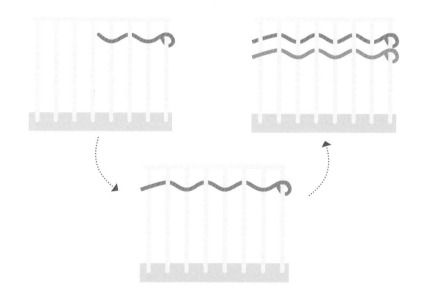

 # 44 紙捲筒穿繩

　　這是另一個孩子會覺得趣味無窮的簡單活動，提供發展手眼協調和強化手指肌肉的絕佳機會。同時，它還有一項優點，就是準備非常容易。

所需物品

- 小鈴鐺、網球或任何比紙捲筒末端寬的小東西
- 鏈條或細繩，約 1 公尺長（甚至可以使用睡袍上的細繩）
- 裁紙捲筒的刀子
- 紙捲筒（餐巾紙捲內側捲筒之類）

示範這個活動時，孩子必須坐在你的左側，看你雙手的視線才不受限。如果孩子是左撇子，你必須用左手示範，孩子也必須坐在你的右側。

 活動延伸

- 一旦熟練用紙捲筒穿繩，嘗試把棉線軸穿到鞋帶上。
- 你也可以嘗試把落葉穿到掛畫鋼絲上。

活動

1. 首先，把鈴鐺或小東西繫在鏈條的一端，作為紙捲筒的擋塊，防止紙捲筒從鏈條上脫落。
2. 將鏈條放在地板或矮桌上。
3. 將紙捲筒裁成兩半。
4. 向孩子示範如何把紙捲筒穿到鏈條上，來回滑動紙捲筒。
5. 從鏈條上取下紙捲筒，讓孩子試試看。

 # 水管麵穿繩

孩子熟練「紙捲筒穿繩」後，現在準備好進階至水管麵穿繩，這需要更高度的精細運動技能。

所需物品

· 繩子數條，約 50 公分長
· 水管麵 1 包

第一次與孩子一起嘗試這個活動時，務必選擇市售最大款的水管麵。

活動 ❶

1. 把繩子和水管麵放在矮桌或地板上。
2. 邀請孩子加入行列，說明你現在要向她展示如何把水管麵管穿到繩子上。
3. 拿一個水管麵，把它穿到繩子上。距離末端數公分處，繩子打個結，讓第一個水管麵成為其餘一連串水管麵的擋塊。
4. 向孩子示範如何把一個水管麵穿到繩子上。
5. 現在，給她一個水管麵穿繩。
6. 讓她繼續穿水管麵，直到放滿繩子。

Part
1
發展感官遊戲

Part
2
促進協調性遊戲

Part
3
培養生活技能遊戲

活動 ❷

1. 在盛滿水的碗或深烤盤中，加入一茶匙的食用色素。
2. 握住水管麵串的兩端，遞給孩子，說明要把水管麵串沒入染色的水浸泡。
3. 提醒她必須持續握住繩子。
4. 將水管麵浸泡水中數分鐘，讓它染上顏色。
5. 請孩子從水中取出水管麵。
6. 拿起水管麵串，掛起來晾乾，下面放一張紙接滴水。

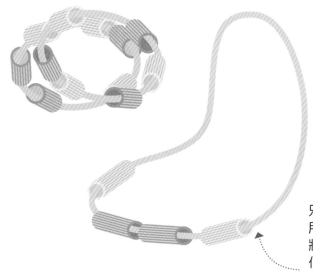

只需要一點點食用色素，就可以將你的水管麵串化為珠寶。

活動延伸

你可以做兩串不同顏色的水管麵串。兩串都乾了之後，可以把它們重新穿到一條新的繩子上，做成兩種不同顏色的項鍊。

46 用毛根穿鈕扣

在能夠想到的手眼協調活動中，這肯定是我的最愛之一。這個活動不僅可以培養孩子的協調能力，還有專注力。我見過幼兒們持續全神貫注其中，感到心滿意足很長一段時間，就像內心的深層需要獲得滿足。此外，我很喜歡的一點是，活動有多重變化與不同的技能水平，用毛根穿孔是絕佳的開始，因為比起鞋帶等，硬硬的毛根較不需要引導。

所需物品

· 毛根 2 至 5 條
· 鈕扣

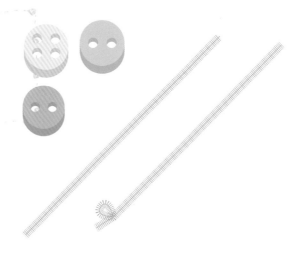

活動延伸

◯ 問問看孩子他是否能夠用毛根上的鈕扣來製作圖案。

◯ 毛根之外，你可以嘗試使用掛畫鋼絲、鞋帶或繩子穿孔。請參見第 158 頁的活動。

◯ 你可以使用珠子、捲起來的銀箔片、切段的吸管或乾麵管。

活動

1. 與孩子說明，你想向他展示一些穿孔活動。
2. 選擇 1 條毛根，把一端稍微捲起來，作成一個小球。
3. 給孩子 1 條毛根，讓他也能在一端作個小球。
4. 把鈕扣穿到毛根上，邀請孩子也選 1 個鈕扣來穿。
5. 一旦看到他理解需要什麼，就讓他獨立作業。

毛根有不同的形狀大小，活動開始之前，先確定鈕扣上的洞孔夠大。

 飛魚

這個遊戲把兩個活動合而為一。首先，孩子要製作和設計自己的魚，然後她會學習如何在報紙輔助下推魚前進。如果有兩個孩子以上，或者你也作一隻魚，就可以比賽誰的魚跑得快。

所需物品

· 魚的圖案，如右所示，為每個孩子影印 1 張

· 彩色鉛筆、蠟筆或彩色筆

· 剪刀

· 捲起的報紙或雜誌，每個孩子 1 份

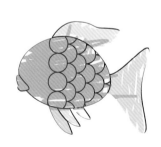

活動

1. 說明你現在要製作一些飛魚。
2. 給孩子 1 份魚的複印本，請她著色。
3. 幫孩子把魚裁下。
4. 將完成的魚放在未鋪地毯的地板上。
5. 使用捲起的報紙或雜誌，示範如何透過拍打魚後面的空氣，讓魚自行推進。
6. 讓孩子試試看。
7. 一旦孩子能夠推魚前進，安排所有的魚到起跑線上，進行一場比賽。

請記得使用未鋪地毯的地板，實木或超耐磨木地板尤佳。

 # 用滴管搬液體

想想你在一天中使用拇指與食指無數次，就會開始意識到這些手指的肌肉何等重要。

這個活動有助於孩子發展和強化這部分的肌肉，方法是用滴管把液體從一個容器搬到另一容器。這不僅有益手眼協調發展，也為孩子未來寫字使用手指的肌肉發展做好準備。

所需物品

- 玻璃杯或透明塑膠杯 2 個
- 小托盤
- 食用色素，顏色任意
- 滴管

活動延伸

你可以再添加玻璃杯，最多總共 4 杯。

熟練滴管之後，可以嘗試使用有刻度的移液管，並且把玻璃杯換成蛋杯。

Part
1
發展感官遊戲

Part
2
促進協調性遊戲

Part
3
培養生活技能遊戲

活動

1. 請孩子將一個玻璃杯裝水至半滿，然後放在托盤上。
2. 讓他也把空的玻璃杯放到托盤上，離另一個杯子一小段距離。
3. 水中放入幾滴食用色素。
4. 秀滴管給孩子看，示範如何用滴管吸起玻璃杯中的有色水。邀請他嘗試使用同一玻璃杯。
5. 說明他現在需要嘗試把有色水搬到空杯子裡。簡短示範後，邀請他試試看。
6. 有色水全部搬過去之後，可再重複活動。

使用托盤有助於界定區域（素面托盤比有圖案的好），而且在東西灑出來時較容易清理。

配對螺帽／螺栓

這個活動與第 154 頁的「開關物品」活動一樣,使用相同的拇指與食指扭轉動作,但動作更小幅、更精細。孩子必須運用判斷力,推測出與螺栓相符的螺帽正確尺寸。

所需物品

· 螺帽 8 個

· 對應的螺栓 8 個

· 托盤,素面尤佳

小零件可能造成窒息危險,因此,本活動不宜 3 歲以下的兒童嘗試。

 活動延伸

○ 你可以設立小工坊,玩角色扮演。

○ 你可以向孩子展示螺帽、螺栓和螺釘之間的區別,以及如何使用螺絲起子。

活動

1. 把螺帽和螺栓放在桌上托盤。
2. 邀請孩子來到桌前，告訴她你有一個新活動要秀給她看。
3. 將 8 個螺栓排成一排，螺帽也在下方排一排。
4. 示範方式是選取 1 個螺帽和 1 個螺栓，查看它們是否吻合。找到對應的螺帽和螺栓時，把螺帽旋到螺栓上。然後再選取另一個螺帽，重複此一步驟。
5. 旋開兩組螺帽與螺栓，把它們放回原排，重新混合。
6. 邀請孩子進行活動，配對與穿好所有的螺帽和螺栓。

Part
1
發展感官遊戲

Part
2
促進協調性遊戲

Part
3
培養生活技能遊戲

50 用磁鐵分類
整理螺帽 / 螺栓

　　孩子們對於螺帽、螺栓和磁鐵往往著迷不已,這個活動藉此教導孩子運用磁鐵,將金屬物品做不同尺寸的分類。本活動需要穩定的手、高度的專注力和銳利的眼睛,才能辨識不同尺寸的螺栓和螺帽。

所需物品

· 托盤,素面尤佳
· 各種尺寸的螺帽和螺栓
· 容器 4 至 6 個
· 大型磁鐵

首次介紹活動時,一開始只用 3 或 4 個不同的容器,而且螺帽和螺栓遠遠分開。活動熟練之後,再拉近距離,且容器最多可增至 6 個。

 活動延伸

調查家中哪些物品使用螺帽和螺栓。

繼續用磁鐵搜尋,發掘家中哪些東西有磁性。

活動

1. 邀請孩子來到桌前，告訴她你想向她展示一個好玩的新遊戲。
2. 將托盤放在孩子前方，螺帽和螺栓倒在上面，兩者分開。
3. 容器在托盤上方的外側排成一排。
4. 拿起磁鐵，用來提吸其中一個螺栓，然後把螺栓放入一個容器。
   邀請孩子做同樣的動作，告訴她必須找到相同尺寸的螺栓。
5. 同一尺寸的所有螺栓都分類好之後，改換挑選同一尺寸的螺帽。
6. 這樣持續進行，直到全部的螺帽與螺栓都分類整理到所有容器中。

本活動使用小零件，所以不宜介紹給 3 歲以下的兒童。

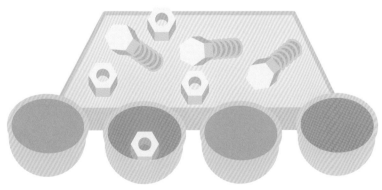

培養生活技能遊戲

　　本章中的活動會讓孩子掌握重要的生活技能。
對於大人來說，這些工作可能看起來很簡單，因
為都是不自覺就能做好。

　　但是，孩子能夠獨立完成這些活動時，她會體
驗到成就感和自我價值感。

　　第一類活動教導基本的個人衛生，如洗手和梳
頭。進一步的活動包括穿鞋和學習倒東西，對於
幫助孩子發展手眼協調能力很有助益。

# 洗手

有什麼比洗手和擦乾手更基本的？然而，許多孩子開始上學時，還不具備這項技能。想像一下，有人要求孩子洗手時，如果她自己知道如何洗手，將會感到多麼自豪與自信。

首先，孩子可能會覺得使用水槽很複雜；如這裡所述，請從一碗水開始吧！

所需物品

· 大塑膠碗

· 肥皂盒上的肥皂塊或擠皂瓶

· 裝滿溫水的中型水壺

· 手巾 2 條

· 托盤

> 孩子熟練如何洗手後，向她說明我們為何與何時需要洗手。如廁後、用餐前和做飯前，提醒孩子洗手，直到她自己記得為止。請記得以身作則！

 ## 活動延伸

○ 向孩子展示如何在水槽洗手。讓孩子站在凳子上，示範給她看如何：放入塞子；打開水龍頭（轉 1/4 圈），再關起來；檢查水溫；結束後拔出塞子。

○ 向孩子示範如何在咳嗽時摀住嘴巴，並且解釋為何這很重要。

活動

1. 將碗放在托盤上，其他物品置於右側（或左側，如果孩子是左撇子的話）。碗裡裝水至半滿。

2. 手先弄濕，慢慢抹肥皂到手上，讓孩子可以看到你正用肥皂覆蓋雙手。將肥皂放回肥皂盒，或者若是使用擠皂瓶，請提醒孩子，你只需要噴一兩次。

3. 在水中輕洗雙手。用毛巾擦乾手——也是慢慢地，讓孩子可以看到你擦乾手的各個部位。

4. 把髒水換成乾淨的水，問問孩子為什麼在她洗手之前要先換水。給她看髒水，作為線索。邀請孩子試試看。

52. 清潔牙齒

　　若要說從小就應該養成的好習慣，那就是清潔牙齒。請說明我們何時需要刷牙，包括飯後和睡前，藉此機會，解釋為何我們不共用牙刷和毛巾。

所需物品

- 牙刷 2 支
- 大塑膠碗
- 杯子 2 個
- 牙膏
- 立式梳妝鏡
- 裝滿水的中型水壺
- 手巾 2 條
- 托盤

活動

1. 把活動材料擺出來，鏡子放中間。1 個杯子裝水至半滿，置於碗的右側。把孩子的牙刷、杯子和毛巾放在托盤上，置於他拿不到的地方，直到輪到他為止。
2. 鬆開牙膏蓋，擠出少量（不超過豌豆大小）。
3. 一邊照鏡子，一邊慢慢刷牙和牙齦。這會幫助孩子理解如何使用鏡子。
4. 用杯子裡的水漱口。剩下的水倒在牙刷上，清潔刷毛。用毛巾擦嘴巴。
5. 把孩子的材料拿到面前，確保擺放位置與你之前的位置相同。

孩子又要刷牙時，帶他去水槽，在那裡重複作業。

53 梳頭髮

不管男孩或女孩，都對梳頭髮的工作很著迷。我看見孩子們在這個活動中全神貫注，不是因為虛榮，而是因為對自己嫻熟技能感到滿意，以及對自己的外表感到自豪。

所需物品

· 立式梳妝鏡

· 髮刷 2 支（1 支給你，1 支給孩子）

活動

1. 將鏡子放在桌子中央，你的梳子放在鏡子前面，孩子的梳子先放一旁。
2. 輕輕柔柔，慢慢梳你的頭髮，轉頭梳好兩邊。用鏡子說明你在做什麼。
3. 移動鏡子，讓孩子可以看到，把梳子放在鏡子前方，讓孩子嘗試。

活動延伸

用玩具娃娃向孩子示範如何綁馬尾和編辮子。

54 使用指甲刷

這個練習是在介紹一個新動作。從一邊刷到另一邊,維持指甲穩定在毛刷範圍內,對於小手來說,這是一項不易掌握的工作。本活動鼓勵孩子做雙手冥想,專注在肥皂泡泡與水的觸感上。

所需物品

- 兒童尺寸的指甲刷,由天然鬃毛和木頭製成
- 盛有溫水的大水罐和用來倒入水的盆子
- 肥皂塊
- 毛巾

活動

1. 如果你有一張矮桌子,把大水罐和盆子放在上面,旁邊放肥皂、指甲刷和毛巾。
2. 告訴孩子,她現在要把手和指甲洗得很乾淨。
3. 請她往盆裡倒一點水。鼓勵她注意何時有足夠的水。
4. 拿起指甲刷。示範如何沾一些肥皂在刷子上,弄濕刷子,然後把刷子靠在指尖上,橫向刷動。
5. 鼓勵孩子做同樣動作,確保她專注於刷子在手指上的觸感。這會是一種平靜的冥想練習。
6. 現在,兩人都洗掉手上的肥皂,在溫水盆裡搓揉輕洗。
7. 所有肥皂都洗去後,請孩子拿起毛巾,仔細擦乾每根手指與手掌。

Part
1
發展感官遊戲

Part
2
促進協調性遊戲

Part
3
培養生活技能遊戲

 # 摺衣服

這個活動從簡單的摺手帕開始，然後進展到摺衣服。選擇給孩子摺的衣服時，請選擇有接縫可作指示線的衣服，如襯衫或套頭衫，藉此機會說明為什麼我們要摺衣服，以及摺好衣服要存放在哪裡。你甚至可以在不同抽屜貼上衣服圖片，作為提示。

所需物品

· 舊手帕

· 彩色筆

· 直尺

· 選用的孩子衣服

· 大籃子

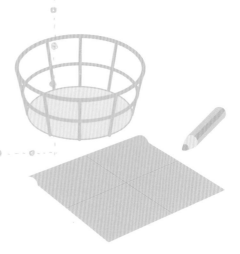

活動延伸

把摺好的衣服放入抽屜和衣櫃。每次洗完衣服，都與孩子一起練習。

活動

1. 用筆在舊手帕上畫一條垂直線和水平線。把要摺的手帕和衣服放入籃子。

2. 從籃子取出手帕，平放在桌子上。沿著標記線摺疊。打開手帕，遞給孩子試試看。

3. 再次重複練習，但使用未標記指示線的手帕。

4. 接下來摺衣服。一次拿一件衣服。按照你選用的方式摺疊，但盡量保持一致，讓孩子可以複製。如果你想先摺右袖，無論摺襯衫或套頭衫，請始終用這種方式開始摺。

整理床鋪

對於某些孩子來說，睡前儀式可能會導致焦慮。鼓勵孩子負責整理他的床鋪，可以在一定程度上減少這類焦慮，且有助於發展他的手眼協調能力。

所需物品

· 尚未整理的床鋪

· 孩子最喜歡的玩具

> 抖開被子是一個頗具難度的動作，所以只要觀察孩子怎麼做；日後可能需要示範第二次。

活動

1. 邀請孩子來到尚未整理的床鋪前。
2. 向孩子暗示，因為床鋪沒有整理，他最喜歡的玩具（說出玩具的名字）看起來很不舒服，所以現在由他來把床鋪整理得更舒適。
3. 首先，請他把枕頭和玩具移放到地板上。
4. 抖開被子，把被子撫平。請他試試看，重複這個動作。
5. 拿起枕頭拍一拍，使它膨鬆，放回床上，再撫平。請他重複這個動作。
6. 讓他放回玩具，告訴他現在玩具在床上看起來更快樂。

活動延伸

更進一步，本活動可以協助換上乾淨的床套。從枕頭套開始，然後在大人輔助下，換上床單和羽絨被套。脫下需要清洗的床套也很有趣。

Part
1
發展感官遊戲

Part
2
促進協調性遊戲

Part
3
培養生活技能遊戲

 # 襪子配對遊戲

　　拿洗好的家人襪子（一開始不超過 4 雙），放在籃子裡。
現在，請孩子找到每雙成對的襪子，將一隻襪子疊在另一隻襪
子的上方，配成一雙。所有襪子都配對好之後，向孩子展示如
何捲摺成球。

所需物品

· 配對襪子 4 雙以上

· 遊戲前後存放襪子的籃子

即使襪子顏色相同，
仍可以按照尺寸、布
料和款式來配對。

活動延伸

如果孩子夠大，也可以嘗試用其他成對物品（鞋子、手套，甚至
耳環）來玩這個遊戲。

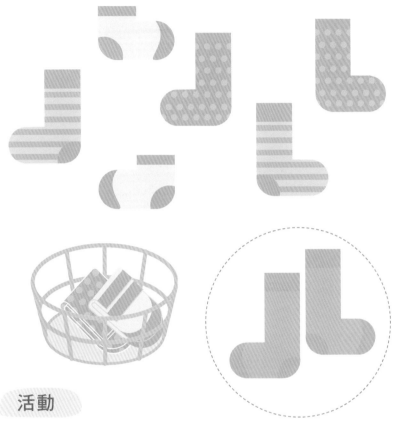

Part
1
發展感官遊戲

Part
2
促進協調性遊戲

Part
3
培養生活技能遊戲

活動

1. 首先準備活動材料,把一雙雙襪子分開放入籃子。
2. 向孩子說明現在要做襪子配對,才能穿上相同款式的襪子。
3. 向孩子介紹活動,按照你希望孩子完成活動的順序來說明。
4. 從籃子裡取出襪子,一一放在地板或桌上,由左至右依序擺置。
5. 鼓勵孩子觀察襪子之間的差異,如尺寸、顏色和質地。
6. 將配成對的襪子一雙一雙分開疊放。
7. 最後,向孩子示範如何把一雙襪子捲起來(把一隻襪子捲到另一隻襪子裡頭),再邀請孩子試試看。

58 穿外套

要讓孩子自己穿上外套或夾克,這是一個快速又好玩的方法。孩子可能需要一些時間來理解必要的協調能力,不過,一旦熟練後,她會非常享受準備外出。

活動

1. 把外套放在地板上,內裡朝上。
2. 請孩子面向外套領口站立。
3. 請孩子蹲下,把她的手臂放入袖子裡。
4. 她站起來時,請她把手臂向上揮,舉過頭頂,最後把手臂放在兩側,外套穿上。

> 向幼兒示範自己如何穿上外套,讓他們能夠見習。無外套的動作練習也可能有所幫助。

活動延伸

使用最喜歡的一件套頭衫,練習把袖子的正面翻出來,然後是翻好整件衣服。

Part
1
發展感官遊戲

Part
2
促進協調性遊戲

Part
3
培養生活技能遊戲

# 59 襯衫扣釦子

原本的複雜活動已經分解為簡單的階段，讓孩子能夠理解各個階段。這項技能中，孩子們的一項主要困難是確保襯衫的兩端對齊，才不會用完鈕孔。為了避免這個問題，本活動教你在桌上扣襯衫，從下往上扣。這會鼓勵孩子在穿扣襯衫時，先對好底端的鈕扣與鈕孔。

所需物品

· 有大鈕扣的襯衫（或開襟羊毛衫）

· 你可以嘗試先用自己的襯衫、開襟羊毛衫或大鈕扣外套，然後進一步換成孩子的襯衫。

· 確保襯衫不是全新或剛剛洗過。

活動延伸

用其他衣服練習。先展開與蓋上每件衣服，然後再從下往上扣起來。接著改用小鈕扣的衣物。

嘗試使用彈簧扣和其他扣件的物品。使每個動作清晰易懂，按照與鈕扣相同的程序。

檢查孩子是否有自信戴上連指手套或手套，還有其他衣物。

活動

1. 將襯衫放在桌上，讓孩子可以清楚看見。

2. 展開襯衫再蓋起來，讓孩子可以看見衣服如何使用。

3. 從最下面開始，慢慢將底端鈕扣穿過第一個鈕孔。

4. 盡可能展開鈕孔，讓孩子可以看見鈕孔打開才能讓鈕扣穿過去。

5. 扣好剩下的鈕扣，然後解開。把襯衫遞給孩子試試看。

 # 拉拉鍊

孩子們發現拉鍊很有趣，但頗具困難。他們拉拉鍊時，你可能需要拉住拉鍊底端。這個練習將教導孩子拉起和解開衣服的拉鍊，兩者需要不同的技能。

所需物品

· 有簡單拉鍊或特殊設計
  拉鍊框的衣服

活動

1. 向孩子展示已經拉起來的拉鍊。將右手拇指放在拉片下方，右手食指放在上方，兩指捏在一起。
2. 用左手拇指與食指捏住鏈齒右側的衣服頂端。
3. 用連續慢動作，把拉鍊向下拉，在底部再放慢速度，清楚示範插銷拉出之處，然後往兩側拉開，加以強調動作。
4. 要把衣服拉鏈拉回去，請用右手拇指與食指捏住拉片，確保拉片指向下方。
5. 將右手食指放在拉鍊頭頂端，右手拇指放在拉鍊頭底端，兩指用力按壓。
6. 用左手拇指與食指捏住右側鏈齒的底部，然後把插銷慢慢滑入拉鍊頭，確保完全插入。
7. 用右手拇指與食指重新捏住拉片，左手拉住前述之處，然後把拉片往上拉到頂。

Part
1
發展感官遊戲

Part
2
促進協調性遊戲

Part
3
培養生活技能遊戲

學穿左右鞋

　　學會左右的不同與我們的側向性概念有關，這個概念是身體左右側存在內部自我意識，且有明確中線將我們的身體分成兩半。學習如何分辨左右鞋將幫助孩子發展此一意識，這個練習將有助於孩子識別究竟是哪隻鞋，協助她自己穿鞋。

所需物品

- 孩子的鞋子 1 雙
- 麥克筆，或剪成兩半的圖案貼紙
- 托盤

你可以購買或製作自己的貼紙，但總是要確認它們與鞋子內緣對齊。

 活動延伸

告訴孩子這個聰明的訣竅，可以幫助他們學會基本的左右區別：舉起他們的左手，讓拇指與食指呈直角，形成「L」。告訴孩子這代表左邊（left），疑惑時可以舉起手，看看是哪一邊能夠做出「L」形。

活動

1. 把孩子的一雙鞋放在桌上的托盤上，鞋子的趾端朝前。
2. 如果孩子認得自己的名字，請在一隻鞋上寫下一半字母，另一隻鞋上寫下其他字母。
3. 或者，如果她還不會讀自己的名字，請在每隻鞋貼近內緣處各畫半個笑臉。
4. 秀給她看鞋子內側，說明在她穿鞋子時，必須確認笑臉正對著她。
5. 鞋子隨機放在地板上，讓孩子想出哪隻腳要穿哪隻鞋。

Part 1
發展感官遊戲

Part 2
促進協調性遊戲

Part 3
培養生活技能遊戲

穿鞋子

　　如果孩子覺得穿鞋子很困難，如同這裡的說明，請在他不穿鞋子的時候，教導他如何穿鞋。一旦孩子熟練這些練習，就可以把鞋子轉過來，鞋跟朝他，讓他試試看。

對於幼兒來說，綁鞋帶是非常困難的。一開始，請用魔鬼氈或其他扣件，培養孩子的自信心，等熟練這些之後，再進階嘗試繫帶鞋。

 活動延伸

📍 然後他可以用穿在腳上的鞋子來試試看！

活動

魔鬼氈鞋

1. 請孩子把鞋子放在桌上的墊子上，鞋子的趾端朝向你。
2. 把右鞋拿到面前，提起魔鬼氈帶再放好，讓孩子可以看到帶子必須對好。取來左腳的鞋，放回右腳的鞋。左腳的鞋重複相同動作。
3. 鞋子放回墊子上，讓孩子試試看。

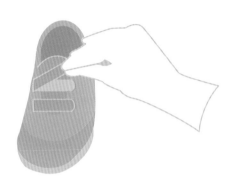

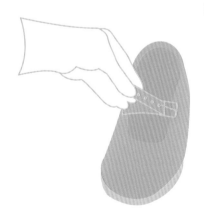

搭扣鞋

1. 請孩子把鞋子放在桌上的墊子上，鞋子的趾端朝向你。先從右鞋子開始，提起帶子，先下後上穿過搭扣。
2. 回折帶子，讓洞孔露出來。把扣針推入孔中，扣好鞋子。
3. 左鞋重複相同動作，把鞋子轉過來，鞋跟朝你。鞋子解釦，放回墊子上，讓孩子試試看。

63 綁鞋帶

　　對於幼兒來說，繫帶鞋可能是相當大的挑戰。等孩子熟練穿著運用其他扣件的鞋子，能夠輕鬆識別左右鞋，你就可以進階到教導她如何綁鞋帶。

活動

1. 請孩子把鞋子放在桌上的墊子上，鞋子的趾端朝向你。拿起右腳的鞋，把鞋帶外放兩側。兩條鞋帶交叉。

2. 用右手取右側鞋帶。繞過中間接合點的下方，用力拉兩端打成結。

3. 用左手取左側鞋帶，左手往下滑至鞋帶中間。用拇指與中指拾起，遞至右手，左手捏住鞋帶中央，形成一只兔耳。

4. 用右手取右側鞋帶，在兔耳中央繞個圈、抽拉鞋帶出來，打成蝴蝶結。

5. 另一隻鞋重複相同動作。解開鞋帶，把鞋子遞給孩子試試看。

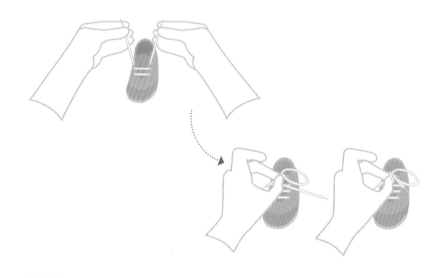

Part
1
發展感官遊戲

Part
2
促進協調性遊戲

Part
3
培養生活技能遊戲

擦亮鞋子

　　所有孩子都喜歡這個活動，我班上的孩子們就經常主動要幫我擦鞋。在過度熱情之下，他們連鞋底也擦亮，讓走路變成危險事件！擦亮的動作還有助於發展和強化精細運動技能。安全要點：鞋油使用需要有人監督，誤食可能導致急性胃病。

所需物品

- 中性色鞋油罐
- 放 1 勺鞋油的小容器
- 餐刀
- 塑膠墊

- 孩子的皮鞋
- 小鞋刷
- 小布
- 托盤

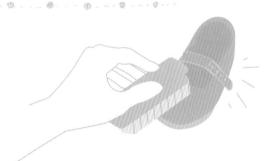

活動延伸

- 嘗試相同活動，使用家具亮光劑來擦亮小型木質物品。
- 向孩子示範如何擦亮一張低矮木桌。

Part
1
發展感官遊戲

Part
2
促進協調性遊戲

Part
3
培養生活技能遊戲

活動

1. 請孩子坐下來之前，先舀出少量鞋油，放入容器（這是為了限制鞋油用量）。把墊子鋪在托盤上，再放上鞋子、鞋油容器、刷子和布，然後邀請孩子參與。

2. 拿起布，沾一些鞋油，塗到一隻鞋子上。鞋油均勻塗抹鞋面。

3. 將布放回托盤，拿起刷子。用打圈擦拭的動作，使鞋子亮晶晶。

4. 活動結束後，你可以詢問孩子，為什麼我們要清潔鞋子？以及為什麼我們要鋪墊子在放上鞋子？如果他不確定，向他展示鞋底，引導他找到答案。

65 學習倒東西

　　停下來想想看你一天使用幾次倒東西的動作。對於大人來說，這個不複雜的動作輕而易舉，但對於孩子來說，學習如何倒東西需要高度的專注力和手眼協調能力。

　　讓孩子熟練這項技能的一個好方法，就是嘗試把豆子從一個大塑膠壺倒到另一個塑膠壺。一旦孩子產生信心，同樣的活動可以嘗試使用不同的材料。

所需物品

· 塑膠壺 2 個

· 乾豆或扁豆 1 包

· 托盤

活動

1. 把塑膠壺放在托盤上，壺嘴相對，把手朝外。右邊的壺裡裝豆子或扁豆至 1/3 滿。
2. 如圖所示，用右手拿起右邊的壺，以左手扶托。
3. 將豆子倒入左邊的壺中。現在，塑膠壺對換，邀請孩子嘗試活動。

活動延伸

- 用更細的材料代替豆子，如米或糖。
- 用加了幾滴食用色素的水，嘗試同樣的活動（你會需要一塊布揩拭濺出來的水）。
- 從壺到壺的倒法，改成從壺倒到杯子裡。
- 購買陶器玩具組，放入豆子或扁豆等。
- 最後是真實挑戰，給孩子裝了半滿的水壺，讓她把水倒進餐桌的玻璃杯裡。

66 學習移東西

移東西牽涉的活動，如舀取和傾倒，皆有助於發展肌肉協調能力。這可以輔助強化進食、餵食自己與他人和進行烹飪活動的能力，也為更複雜的寫字作業做好準備。

本活動與倒東西的活動一樣，一開始先使用較不精細的材料，之後再進階到較精細的材料。

所需物品

· 淺底的小鍋盆 2 個（約杯子蛋糕的大小）

· 茶匙

· 小托盤

· 米，半鍋盆的量

· 總是從左到右作業，這有助於為孩子閱讀做好準備。

· 如果你在移東西時非常小心，孩子也會這樣做。

· 如果孩子是左撇子，請用左手拿湯匙。

活動延伸

提供兩個空鍋盆，放在有米鍋盆的兩側，教導孩子在兩個空鍋盆之間移米。

用更精細的材料替代米，如糖或麵粉。

活動

1. 兩個鍋盆擺在托盤上，湯匙放在右側。把米放入左邊的鍋盆。
2. 拿起湯匙，開始把米從左鍋移到右鍋，直到舀空。
3. 對換鍋盆，盛米的鍋盆放回左邊，湯匙放在右側。把托盤遞給孩子試試看。

Part
1
發展感官遊戲

Part
2
促進協調性遊戲

Part
3
培養生活技能遊戲

# 製作自己的桌墊

這是在孩子熟練擺餐桌之前，很適合進行的可愛創意計畫。我建議採水果設計，因為大部分的孩子畫水果圖案都信心滿滿；不過，如果孩子有特定愛好，亦可用於設計。這個計畫旨在讓用餐時間化為快樂經驗。

所需物品

- 鉛筆
- A4 白卡紙
- 水果圖片（或其他圖片）
- 圍裙
- 各種不同顏色的廣告顏料
  或壓克力顏料

- 調色皿或紙盤
- 剪刀
- 廚房海綿 1 小塊
- 護貝機或自黏塑膠紙

活動延伸

○ 大一點的孩子可能會想把水果碗放入畫中。

○ 不用畫的，也可以用水果圖片製作拼貼畫。

活動

1. 向孩子展示水果圖片，討論圖案形狀，讓他用手指描畫。教他如何穿上圍裙。
2. 問他想從哪一種水果開始，然後將一些合適的顏色放在調色皿或紙盤上。
3. 向孩子說明，現在他要用手指蘸顏料，作為畫畫的工具。
4. 請他開始先畫水果的輪廓，然後填滿中間，確保指印之間留有空隙。
5. 葉子的部分，從海綿剪下葉子形狀，蘸綠色顏料當印章用。
6. 畫完成後晾乾，再護貝或用透明自黏塑膠紙覆蓋。

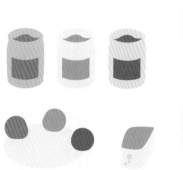

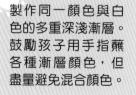

製作同一顏色與白色的多重深淺漸層。鼓勵孩子用手指蘸各種漸層顏色，但盡量避免混合顏色。

擺餐具

這是一個快速有效教導孩子如何擺餐具的活動。運用畫上餐具擺設的一張紙，孩子將學會餐具與盤子的位置。

一旦熟練如何擺餐具，這項技能就可以成為他的家事工作。很多孩子還喜歡看折疊餐巾的複雜方法。除了實務上的好處，這個活動還可以強化折疊能力和左右位置意識。

所需物品

· 適合放在紙上的小盤子

· A4 厚圖紙

· 鉛筆

· 黑色彩色筆

· 餐刀

· 叉子

· 甜點湯匙

· 托盤

請孩子坐下來之前，把盤子放在紙的中央，用鉛筆繞著畫。餐具也採用相同步驟，這樣你就有一份紙上餐具擺設輪廓圖。用彩色筆補強鉛筆輪廓圖，使它們更醒目。

活動

1. 把圖紙、餐具和盤子一起放在托盤上。請孩子把托盤拿到桌上，放在他的前方中間。取出圖紙，放在托盤前面。

2. 向孩子說：「現在我要把盤子和圖紙上的相配對。」用手指沿著盤子的邊緣畫，然後在紙上輪廓重複相同動作，讓孩子看到兩者形狀相符。

3. 向孩子說：「你能把餐具和圖紙上的輪廓相配對嗎？」把餐具攤在托盤上，讓他可以清楚看見每一件物品。鼓勵他將圖紙與物品相配對。

4. 孩子對擺餐具有自信時，讓他不用圖紙擺設。把圖紙翻過來，放在拿不到的地方，等孩子完成擺設，可以回頭檢查自己是否正確。

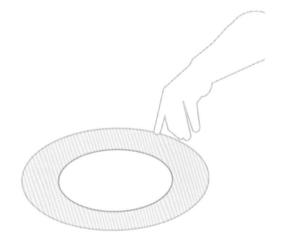

 活動延伸

📍 另外，可增添玻璃杯或湯匙等物品，畫出輪廓。你也可以加上餐巾，但不畫輪廓，只要呈現餐巾如何折在叉子下方即可。

學習用衣夾

這個活動是幫助孩子發展肌肉協調能力的最簡單方法。最幼年的小孩就能做得到。孩子熟練使用標準尺寸衣夾的技能後，活動時也可以嘗試使用迷你尺寸或玩具衣夾。

如果你買了新的標準衣夾，請多用幾次，減弱彈簧力量。請說明衣夾不是玩具，不得用來夾手指，否則可能會夾痛受傷。

所需物品

· 裝滿衣夾的小籃子

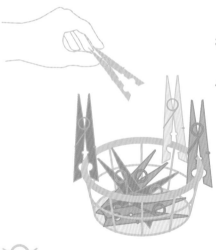

活動

1. 籃子放在前方，慢慢開始沿著籃子邊緣夾衣夾。
2. 示範衣夾的開闔動作，讓孩子理解衣夾必須全開，才能夾上籃子，以及再從籃子取下。
3. 你夾了約 5 個衣夾後，把籃子遞給孩子完成。
4. 她完成後，向她示範如何取下衣夾，放回籃子裡。

活動延伸

下次洗衣服時，給孩子一些小件衣服夾掛。

Part
1
發展感官遊戲

Part
2
促進協調性遊戲

Part
3
培養生活技能遊戲

使用鉗子

　　孩子們會覺得這個活動很有吸引力，滿足了他們對於分類與秩序的熱愛。這個活動的重點在於開闔動作，一開始使用大鉗子，後來精細化動作改用鑷子。

　　孩子熟練這個活動後，你可以進一步請他按照顏色或形狀分類整理物品。活動期間，請一直在旁監督，因為小珠子可能造成窒息危險，也可能會嵌入鼻子或耳朵。

所需物品

· 淺盤 2 個

· 鉗子

· 小托盤

· 木質珠子，半盤的量

強調鉗子的開闔動作，讓孩子理解正是這個動作可以提起和移動珠子。

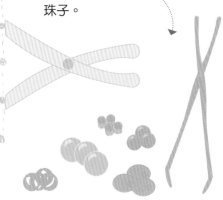

活動延伸

💡 提供兩個或更多空盤子。教導孩子在空盤之間搬移東西。

💡 嘗試相同活動，但鼓勵孩子按照物品、顏色或兩者做分類整理。

💡 用鑷子將乾豌豆從蛋杯移到蛋杯。這個活動使用與鉗子相同的動作，但更精細化，難度更高。

活動

1. 將盤子並排擺在托盤上，鉗子放在右側。左盤盛珠子至半滿。
2. 用鉗子（手柄可以握在鉗子上方或下方）把珠子從左盤移至右盤，直到左盤移空。
3. 對換盤子，盛裝珠子的盤子放回左邊。把托盤遞給孩子試試看。

71 開闔物品

　　小時候，我最喜歡的玩具是一個迷你型玩具保險箱，它有一個密碼鎖，密碼只有我知道。今日，我指導的孩子們同樣對於物品開闔充滿好奇心，從果醬罐蓋的扭轉動作，到鑰匙在鎖中的轉動動作皆是。

　　這個活動藉由打開瓶瓶罐罐來滿足孩子的好奇心，與第110頁上的螺帽與螺栓活動很類似。請讓孩子知道，籃子裡的瓶罐可供作業使用，但其他瓶子未經允許是不能使用的。

所需物品

- 小型瓶罐 6 個以上（如食用色素瓶和果醬罐）
- 籃子

活動延伸

- 用各式各樣的盒子來展示掀起與合上的動作。
- 用大型寬鬆的螺帽與螺栓來展示更精細的轉動動作。請密切監督，因為螺帽可能造成窒息危險。請參閱第110頁的活動。

Part
1
發展感官遊戲

Part
2
促進協調性遊戲

Part
3
培養生活技能遊戲

選擇各式各樣的瓶
罐，讓孩子可以清
楚看見不同尺寸的
開口與蓋子。

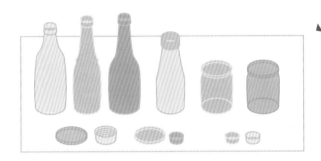

活動

1. 從籃子取出瓶罐。旋開所有蓋子，
   蓋子任意放在整齊排一排的瓶罐
   前方。

2. 選取一個蓋子，按照瓶罐排序從
   左到右，找到配對的瓶罐。找到
   正確的配對時，特別強調轉動的
   動作。

3. 重複動作，直到完成一半的瓶罐，
   然後邀請孩子完成剩下的部分。

4. 等她完成後，向她展示如何旋開
   蓋子，清楚呈現開闔動作使用的
   是不一樣的轉動動作。完成後，
   把所有東西放回籃子。

72 使用鑰匙

這是一個需要孩子高度專注力的活動，考驗他們精細運動技能的同時，鼓勵他們保持沉靜。這個練習教的是協調、力氣，測試孩子區分大小的能力，以及記住哪一個鑰匙配哪一個鎖的能力。

所需物品

- 收集任何你拿得到的自行車鎖、掛鎖或帶鎖保險箱，以及它們的鑰匙
- 托盤
- 放鑰匙的盤子

活動

1. 把你所有的鎖與掛鎖拿到托盤上，全部攤開放好。
2. 從每個鎖的鑰匙全部取出，放在盤子裡。
3. 拿起左手第一把鎖。示範如何用右手拿鑰匙試鎖。第一次請使用你知道不合鎖的鑰匙，展示你如何運用消除法，找到正確的鑰匙。
4. 你找到該鎖的正確鑰匙時，向孩子展示如何以正確的方式在鎖內轉動鑰匙，直到鎖被解開。
5. 鼓勵孩子重複此一過程。
6. 所有的鎖都配對完成且解開後，向孩子展示如何重新上鎖。
7. 讓孩子重複上鎖的過程，直到所有鑰匙都釋出。

 活動延伸

如果你手邊沒有任何掛鎖，可以使用你的前門與鑰匙串。坐在門前內側，這樣你就不會冒被鎖在門外的風險！

Part
1
發展感官遊戲

Part
2
促進協調性遊戲

Part
3
培養生活技能遊戲

鈕扣穿線

　　穿線活動深受孩子們喜愛，對於肌肉發育和手眼協調也非常有幫助。本活動循序漸進，從帶大洞孔的大鈕扣，到小鈕扣與珠子。

　　這項技能熟練之後，可以用於珠寶製作和其他工藝計畫。活動期間，務必總是在旁監督孩子，因為鈕扣和小珠子可能造成窒息危險，也可能會嵌入鼻子或耳朵。

所需物品

- 選用的大鈕扣，帶大洞孔
- 鞋帶或繩子
- 盛裝鈕扣的小容器

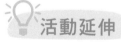

活動延伸

🔘 用珠子替代鈕扣，一開始用大珠子，然後進階到小珠子。

🔘 嘗試使用通心麵。然後，把整條項鍊浸入稀釋的食用色素中進行上色。請參見第 102 頁的活動。

Part
1
發展感官遊戲

Part
2
促進協調性遊戲

Part
3
培養生活技能遊戲

活動

1. 把鈕扣、鞋帶或繩子放入容器。
2. 鞋帶取出盒子。向孩子示範説明，鞋帶末端必須打結，以防鈕扣滑落。
3. 把鈕扣一個一個慢慢穿到鞋帶末端。清楚展示鞋帶的末端穿過洞孔，讓孩子明白鈕扣滑下來就會這樣。
4. 將約 6 個鈕扣穿到鞋帶上，然後讓它們滑落取下，與鞋帶一起放回容器中。
5. 把容器遞給孩子試試看。孩子完成穿線後，可能會想把它綁起來，做成一條項鍊。

# 縫紉卡

在這個活動中，孩子將進展到縫紉作業，用鞋帶穿過縫紉卡上沿著圖案邊緣預先裁好的洞孔。擁有這項技能，孩子就可以嘗試用針縫賓卡布（binka，一種預先裁好大型縫孔的織品）。

縫紉是培養手眼協調能力的絕佳技能。不過，縫針的使用適宜 5 歲以上的孩子，且必須總是在旁密切監督。

所需物品

· 方形厚紙板 20x20
  公分

· 打孔機

· 剪刀

· 鉛筆

· 鞋帶或繩子

· 彩色筆

· 小托盤

活動延伸

○ 與孩子一起製作一整套動物縫紉卡。

○ 使用縫紉和針織店販售的賓卡布。由於它有預先裁好的大型縫孔，非常適合用來介紹針縫。向孩子示範如何使用棒針或織補針，這些針的末端鈍且針眼大。

○ 向孩子介紹彩色縫線和針法，如平針繡和十字繡。

Part
1
發展感官遊戲

Part
2
促進協調性遊戲

Part
3
培養生活技能遊戲

活動

1. 與孩子一起坐下來之前，先在厚紙板上畫一個動物圖案（盡可能畫大一點）。

2. 剪下圖案，用鉛筆標記間隔 2 公分的孔點。裁出大小足以讓鞋帶或繩子輕易穿過的洞孔。

3. 請孩子為圖卡著色，添加臉部和動物特徵。將縫紉卡與鞋帶或繩子一起放在托盤上。

4. 秀給孩子看，如果不打結會發生什麼事，然後將鞋帶打結。

5. 一手拿起鞋帶，開始縫紉動作。最初，鞋帶從卡片上方縫至下方，然後從下一個洞孔穿回上方。

6. 縫一半左右，邀請孩子完成它。如果孩子想重複這個活動，請小心取下鞋帶。

75 使用剪刀

大部分的孩子會覺得把一張紙條裁成兩半相對簡單，但小心翼翼又要有所控制的裁剪則是另一回事。這個活動教孩子沿著標記的直線裁剪，要小心使用剪刀，一邊剪一邊移動紙張。之後進階到裁剪較為困難的線條，最後是朝不同方向移動剪刀和紙張。

所有涉及剪刀的活動都必須密切監督，誤用剪刀的危險也需要向孩子說明。如果孩子使用剪刀的方式不當，請先拿走剪刀，日後再重新介紹。

所需物品

· 兒童剪刀（如果孩子是左撇子，使用左手款）

· 直尺

· A4 硬紙

· 放入紙條的容器

· 彩色筆

活動

1. 請孩子坐下來之前，把紙橫向裁成五條。每一條都用直尺和彩色筆在中心標記一道直線。紙條和剪刀一起放入容器中。
2. 拿起剪刀，向孩子展示如何握住剪刀（由於孩子的手較小，她可能更想把兩隻手指放入指洞）。向孩子示範剪刀的開闔動作。
3. 選一張紙條，用一隻手拿著，沿線慢慢裁剪。

4. 裁剪時一邊移動紙張，讓孩子理解這樣做對裁剪過程有何幫助。誇張的剪刀開闔動作，可以讓孩子看到要剪紙必須這麼做。剪另一條紙。

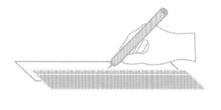

5. 把剪刀放回容器中，遞給孩子。邀請孩子完成剩下的部分。孩子可以從裁剪直線，進展到裁剪波浪線、鋸齒線和城牆線。

活動延伸

◯ 提供樣板進行剪裁，如動物或交通工具。

◯ 製作紙鏈。一張紙條做手風琴式摺疊；上面畫一個人，確認手腳都碰到褶疊處。請孩子剪下圖形，但不剪摺緣的手腳。完成之後，展開紙張即為手腳相連的紙鏈人。

Part
1
發展感官遊戲

Part
2
促進協調性遊戲

Part
3
培養生活技能遊戲

 # 我的家人和朋友

對於幼兒來說，家人和朋友非常重要，不僅在社會意義上如此，他們更是孩子認同自己與識別自己在世界上位置的媒介。這個活動將協助孩子確立誰是她的家庭成員，以及他們的角色所在、與孩子的關係。

所需物品

- 家庭成員和擴展家庭成員的照片
- 兒童剪刀
- 鉛筆
- 麥克筆

- 樣板 1（參見第 174 頁），你可能需要多張
- A4 紙
- 口紅膠
- 蠟筆、鉛筆式蠟筆或彩色筆
- 把房子黏在上面的大張紙

活動

1. 擺放核心家庭成員的照片、剪刀、鉛筆和麥克筆。
2. 邀請孩子來參與。
3. 向她說明，現在她要蓋一棟房子，所有家庭成員都在裡頭。
4. 讓孩子選擇一張照片。
5. 用鉛筆在照片上畫一個圈，大小符合房子的一扇窗戶。
6. 若是可以，讓孩子用麥克筆沿著鉛筆圓圈畫。

將第 174 頁的樣板複印到 A4 紙上。你可能會想複印多分，才有足夠的窗戶張貼孩子所有的擴展家庭成員。

Part
1
發展感官遊戲

Part
2
促進協調性遊戲

Part
3
培養生活技能遊戲

7. 開始沿圓圈裁剪，若是可以，讓孩子完成。

8. 用另一張照片，重複步驟 4 至 7，直到剪好所有核心家庭成員的照片。

9. 拿房子的複印本，讓孩子選擇一張照片。

10. 向她說明，現在要選擇黏貼照片的窗戶。

11. 選定後，她要將照片背面塗膠，貼到窗戶上。

12. 重複程序，直到所有照片都貼到房子上。

13. 在每個窗戶下方，寫上照片中家庭成員的姓名。

14. 邀請孩子將圖畫著色。

15. 拿另一張房子的複印本，重複上述步驟，但這次使用祖父母的照片。

16. 其他任何擴展家庭的成員，如伯嬸叔姨、堂表兄弟姊妹等，也用相同的方式建立個別家戶。

17. 所有的房子都完成後，可以把它們貼在一張大紙上，核心家庭的房子擺中間，所有其他房子圍繞在旁。

18. 畫一條帶箭頭的線，從一名核心家庭成員連到相關擴展家庭成員的房子。線上寫下如下語句：「我們坐車去爺爺奶奶家」。在「車」這個字上，還可以畫汽車圖案。

19. 繼續畫線，直到所有家庭成員的房子都相連。

20. 在紙張的最上方，可以寫下：「所有我的家人」。

Part
1
發展感官遊戲

Part
2
促進協調性遊戲

Part
3
培養生活技能遊戲

> · 請記得納入擁有的每
>   一隻寵物的照片。
>
> · 這可以是持續一兩週
>   才完成的活動方案。

💡 活動延伸

📍 完成所有家人後,你可以重複相同活動,但這次讓孩子建立個別
家戶,納入她的所有朋友。

📍 如果窗戶不夠,可以另外畫窗戶,或者在房子附近建一座花園,
把其他家庭成員放在那裡。

77 照顧植物

一旦孩子熟練照顧自己，下一步就是介紹更廣泛的關懷面向，本活動正是藉由觸動孩子天生的照顧本性來做到這樣。

介紹時，你可以說明所有生物都需要水才能存活與生長，孩子會很高興被賦予一個負有責任的角色；此外，他還將從中練習倒東西的技能。

所需物品

- 臉盆或淺水桶
- 小型澆水器
- 小盆栽

活動

1. 向孩子說明，今天植物需要澆水。
2. 將臉盆或水桶與澆水器一起放在桌上。
3. 給孩子植物，請他拿到桌上，放在臉盆或水桶裡。
4. 輕輕拍一拍植物的土壤，邀請孩子也這麼做，這樣他會觀察到土壤是乾的。
5. 澆水器裝水裝至半滿。提醒孩子如何握住澆水器，然後讓他為植物澆水。
6. 等植物排水，再用另一植物重複活動。

 活動延伸

○ 一旦孩子熟練小型植物，可以進一步改用無法搬運的大型植物。

○ 如果你有花園或農圃，他可以協助澆灌更大的區域。

這個活動最好在孩子完成倒東西活動後進行。

Part
1
發展感官遊戲

Part
2
促進協調性遊戲

Part
3
培養生活技能遊戲

學習單 1 學習高度與長度

沿著虛線剪下每一條標尺。

←標尺
←標尺 3
←標尺 2
←標尺 1

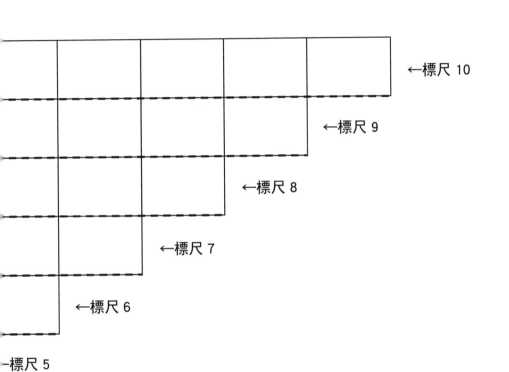

←標尺 10

←標尺 9

←標尺 8

←標尺 7

←標尺 6

←標尺 5

平面形狀

配對圓形

配對正方形

配對三角形

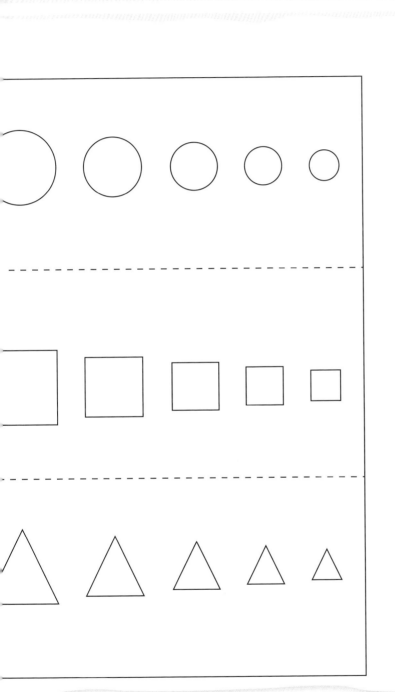

我的家人和朋友

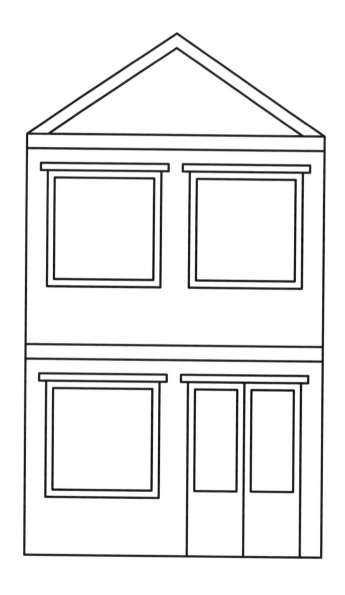

國家圖書館出版品預行編目 (CIP) 資料

圖解在家的蒙特梭利：77 個有趣的體驗式生活遊戲，培養
孩子的感官 ╳ 協調 ╳ 生活自理能力 / 馬雅 . 皮塔明克 (Maja
Pitamic) 著 ; 賴姵瑜譯 . -- 初版 . -- 臺北市 : 新手父母出版，
城邦文化事業股份有限公司出版 : 英屬蓋曼群島商家庭傳媒
股份有限公司城邦分公司發行 , 2022.05
　　面 ;　　公分 . -- (好家教系列 ; SH0171)
譯自 : The Montessori Book of Coordination and Life Skills
ISBN 978-626-7008-18-8(平裝)

1.CST: 學前教育 2.CST: 蒙特梭利教學法 3.CST: 親子遊戲

　　　523.23　　　　　　　　　　　　　111006443

 **在家的蒙特梭利** 77 個有趣的體驗式生活遊戲，
培養孩子的感官 × 協調 × 生活自理能力

作　　者／馬雅·皮塔明克（Maja Pitamic）
選　　書／林小鈴
主　　編／陳雯琪
翻　　釋／賴姵瑜

行銷經理／王維君
業務經理／羅越華
總 編 輯／林小鈴
發 行 人／何飛鵬
出　　版／新手父母出版
　　　　　城邦文化事業股份有限公司
　　　　　台北市中山區民生東路二段 141 號 8 樓
　　　　　電話：(02) 2500-7008　傳真：(02) 2502-7676
　　　　　E-mail：bwp.service@cite.com.tw
發　　行／英屬蓋曼群島商家庭傳媒股份有限公司城邦分公司
　　　　　台北市中山區民生東路二段 141 號 11 樓
　　　　　讀者服務專線：02-2500-7718；02-2500-7719
　　　　　24 小時傳真服務：02-2500-1900；02-2500-1991
　　　　　讀者服務信箱 E-mail：service@readingclub.com.tw
　　　　　劃撥帳號：19863813
　　　　　戶名：書虫股份有限公司

香港發行所／城邦（香港）出版集團有限公司
　　　　　香港灣仔駱克道 193 號東超商業中心 1F
　　　　　電話：(852) 2508-6231　傳真：(852) 2578-9337
　　　　　E-mail：hkcite@biznetvigator.com
馬新發行所／城邦（馬新）出版集團 Cite(M) Sdn. Bhd. (458372 U)
　　　　　11, Jalan 30D/146, Desa Tasik,
　　　　　Sungai Besi, 57000 Kuala Lumpur, Malaysia.
　　　　　電話：(603) 90563833　傳真：(603) 90562833

封面、版面設計、內頁排版／徐思文
製版印刷／卡樂彩色製版印刷股份有限公司
2022 年 05 月 19 日初版 1 刷　　　　　Printed in Taiwan
定價 480 元
ISBN 978-626-7008-18-8 （平裝）
Conceived and produced by Elwin Street Productions
Copyright Elwin Street Limited 2019
10 Elwin Street
London E2 7BU
UK
www.modern-books.com
Chinese complex translation copyright © Parenting Source Press, a division of Cite
Published Ldt.,2022